180 degrés

De la même auteure

Orpheline, Éditions Libre Expression, 2011.

Marie-Claude Savard

180 degrés

Virage d'une vie

Libre Expression

Une société de Québecor Média

Catalogage avant publication de Bibliothèque et Archives nationales du Québec et Bibliothèque et Archives Canada

Savard, Marie-Claude, 1971-
    180 degrés : virage d'une vie
    ISBN 978-2-7648-1143-6
    1. Changement (Psychologie). 2. Secondes carrières. 3. Savard, Marie-Claude, 1971- . I. Titre. II. Titre : Cent quatre-vingt degrés.
BF637.C4S28 2015   158.1   C2015-941741-4

Édition : Johanne Guay
Révision et correction : Céline Bouchard, Maryem Panaitescot-Taje
Couverture et mise en pages : Axel Pérez de León
Photo de couverture : Bruno Petrozza

Remerciements
Nous remercions le Conseil des Arts du Canada et la Société de développement des entreprises culturelles du Québec (SODEC) du soutien accordé à notre programme de publication.
Gouvernement du Québec – Programme de crédit d'impôt pour l'édition de livres – gestion SODEC.

Financé par le gouvernement du Canada
Funded by the Government of Canada | Canadä

Les Éditions Libre Expression
Groupe Librex inc.
Une société de Québecor Média
La Tourelle
1055, boul. René-Lévesque Est
Bureau 300
Montréal (Québec) H2L 4S5
Tél. : 514 849-5259
Téléc. : 514 849-1388
www.edlibreexpression.com

Dépôt légal – Bibliothèque et Archives nationales du Québec et Bibliothèque et Archives Canada, 2015

ISBN : 978-2-7648-1143-6

Distribution au Canada
Messageries ADP inc.
2315, rue de la Province
Longueuil (Québec) J4G 1G4
Tél. : 450 640-1234
Sans frais : 1 800 771-3022
www.messageries-adp.com

Diffusion hors Canada
Interforum
Immeuble Paryseine
3, allée de la Seine
F-94854 Ivry-sur-Seine Cedex
Tél. : 33 (0)1 49 59 10 10
www.interforum.fr

PRÉFACE

Avant de vous parler de *180 degrés*, j'ai une petite confession à vous faire. Il y a trois ans, je n'avais pas encore lu le premier manuscrit de Marie-Claude, celui qui allait devenir *Orpheline*, mais j'avais de sérieux doutes. Je me disais que ce serait probablement l'un de ces livres avec la photo d'une vedette sur la couverture, mais qui nous en apprend très peu lorsqu'on fait l'exercice de lire l'ouvrage au complet.

Je venais alors d'arriver au Portugal dans la villa louée par mon amie, la nouvelle ex-journaliste sportive de *Salut Bonjour!* Je ne peux pas dire que nous étions particulièrement proches, à l'époque. Je connaissais surtout la Marie-Claude parfaite : bien coiffée, bien maquillée, en contrôle d'elle-même, toujours affairée, et jamais sans ses talons hauts. De peur de s'ennuyer, elle avait invité toutes ses connaissances à la visiter pendant qu'elle serait au Portugal, ces quelques mois où elle accompagnerait son conjoint, qui avait un contrat là-bas. Je crois qu'elle a été pas mal surprise quand je lui ai dit que je débarquais au début d'octobre avec mon bébé.

Elle nous a accueillis comme deux membres de sa famille, et c'est là-bas que j'ai véritablement connu celle qui allait devenir ma précieuse alliée et ma confidente dans ce merveilleux monde de fous. J'ai connu une Marie-Claude habillée décontracté, pas maquillée et surtout, pour la première fois depuis des années, elle n'était pas affairée. Elle avait quand même gardé, sous la forme de jolies espadrilles espagnoles, ses fameux talons hauts, un *must*.

Elle venait de lire le roman que je m'apprêtais moi-même à publier, alors il fallait bien que je lui « rende la pareille » en lisant son manuscrit. Je me suis donc installée à sa table vers 11 heures un soir, un verre de rouge à la main, sans aucune attente, pendant que tous dormaient. Je suis littéralement tombée en bas de ma chaise. Nulle lecture, depuis la trilogie *Millenium*, ne m'avait autant tenue en haleine. J'étais presque en transe tellement j'étais absorbée par ma lecture. J'ai ri aux éclats, j'ai pleuré à chaudes larmes, puis, quatre heures et une bouteille de vin plus tard, je lisais les dernières phrases avec émotion, comme si son histoire partagée de manière aussi transparente avait guéri quelque chose en moi. Marie-Claude est une conteuse née, et je mets quiconque au défi de lire *Orpheline* et de ne pas être captivé du début à la fin.

Vous pouvez imaginer que j'avais de grosses attentes pour son deuxième livre. Allait-elle pouvoir m'émouvoir autant avec ses péripéties professionnelles et ses questions existentielles qu'avec le deuil de ses parents ? Surtout qu'en tant que témoin de ces grands bouleversements, je connaissais déjà quelques *punchs*… Encore une fois, la conteuse m'a étonnée. Mais je ne croyais pas qu'elle irait jusqu'à vous raconter son aventure avec les bisons !

En effet, Marie-Claude n'est pas de ces personnalités qui embellissent la réalité pour bien paraître. Elle nous parle comme une meilleure amie qui n'a pas peur d'être jugée, qui révèle ses zones d'ombre sans rien dissimuler. C'est le genre de fille qui embrasse ses contradictions et nous permet, par la même occasion, de mieux vivre avec les nôtres.

Par exemple, elle peut apprendre à utiliser un logiciel hyper complexe pour monter et réaliser elle-même des capsules sur le Web, mais la semaine dernière, elle a fait débrancher toute la domotique de sa maison simplement parce qu'elle n'arrivait pas à régler l'intensité de ses lumières ! Car vous ne le savez sûrement pas, mais l'éclairage, c'est primordial pour Marie-Claude. Je ne connais personne d'autre qui va faire un séjour quelque part et qui prend le temps d'acheter des lampes et des gradateurs pour mieux profiter des lieux !

Je ne sais pas pourquoi la lumière est si importante pour Marie-Claude. Peut-être que le fait qu'elle évolue sous les projecteurs depuis maintenant plus de vingt ans y est pour quelque chose. Quoi qu'il en soit, c'est en toute humilité que cette petite boule d'insécurité qui voulait contrôler son univers le plus possible s'est transformée devant nous en femme incarnée, assumant sa nature profonde et lâchant prise sur le reste.

En tant que témoin de cet épanouissement chaotique et de tout ce qu'il y a de plus humain, je peux vous assurer qu'elle ne vous a rien caché, depuis sa démission de *Salut Bonjour!* jusqu'à son expérience psychédélique chez les Amérindiens, en passant par ses grands moments de doute.

En lisant son manuscrit, j'ai pleuré, j'ai ri, je me suis reconnue, et quelque chose en moi s'est apaisé. Alors installez-vous confortablement, avec ou sans verre de vin, et laissez-vous porter par le récit de cette femme qui pourrait bien être votre meilleure amie.

Sophie Bérubé

PROLOGUE

« Jamais trop vieux, ni trop mauvais, jamais trop
tard, pour repartir de zéro une fois de plus. »

Bikram Choudhury

« LA PORTE ! LA POOOORTE !!! »
Le chef amérindien crie à tue-tête.

Il fait noir comme chez le loup, à peine une lueur au centre, là où les *moshoms*, ces gros cailloux brûlants, chauffent la hutte. Ils étaient beaucoup plus ardents et lumineux il y a vingt minutes. Une chance qu'ils ont baissé d'intensité ! Je suis couchée par terre, trempée et haletante, sur des branches de sapin et je me demande sérieusement si je serai en mesure de passer à travers les trois grandes étapes du *sweat lodge* telles qu'on les a planifiées ensemble cet après-midi.

C'est une véritable fournaise, cette affaire-là. Il faut se déplacer à quatre pattes pour prendre place sous la tente qui ressemble à un tipi, en plus large et moins haut. Au centre de l'abri, je pourrais sans doute me tenir debout, mais c'est là qu'on trouve l'amas de pierres brûlantes, alors loin de moi l'idée de me délier les jambes. Plusieurs couches de toile brunâtre forment les parois, avec une ouverture au sommet, là où les branches de la structure se rejoignent. Même si j'ai parfois l'impression d'étouffer, je sais très bien que je me trouve dans un endroit où l'air circule et qu'il m'est impossible de manquer d'oxygène.

Ce n'est donc pas l'air ou la chaleur en soi qui est étouffante, mais c'est un défi de se retrouver dans le noir complètement enveloppée par de l'air brûlant. Il n'y a plus de repères et la panique rôde. Je me demande si ce ne sont pas plus les ténèbres que la chaleur qui provoquent ce genre de sensation d'hyperventilation. Chose certaine, ça prend beaucoup d'efforts pour ne pas capoter complètement.

« C'est pour recréer le ventre de la mère, là où tout a commencé », m'a expliqué Marie-Josée cet après-midi.

Impossible que j'aie vécu neuf mois dans un état comme celui-là ! Donc, ça doit se passer dans ma tête. Tout le monde dit que les bébés sont au paradis, dans l'utérus. Encore une fois, ça doit être une question de perspective. MAIS J'AI CHAUD ET JE VOIS RIEN !

Marie-Josée, c'est la compagne de Dominik, que j'appelle le chef amérindien. En fait, il a pris sa retraite de la politique des Premières Nations il y a longtemps pour se consacrer à sa vocation d'homme-médecine. Algonquin nomade de l'Abitibi à l'origine, il transmet aujourd'hui le savoir des anciens dans les Laurentides à qui veut bien prendre le temps de s'arrêter, de venir lui rendre visite afin de se reconnecter avec la nature.

C'est ma copine Jacynthe qui m'a parlé de lui lors d'un souper entre amis, il y a quelques mois. Je lui racontais l'histoire invraisemblable de mon premier traitement de canal, qui m'a permis de découvrir que j'ai du sang amérindien. Eh oui !

Je me trouvais sur la chaise du dentiste à me faire récurer la racine d'une molaire quand le dentiste s'est exclamé :

« Vous avez des racines longues et sinueuses comme celles des Amérindiens. Avez-vous du sang autochtone ?

— Bonne question, lui dis-je. Je ne sais pas. Personne ne m'en a jamais parlé. »

Tout à coup, je me suis souvenu d'avoir enterré mon père au cimetière familial des Savard, à Loretteville, juste en face du village huron !

Est-ce possible ?

Un coup de téléphone à une petite cousine éloignée me le confirme. Comme la grande majorité des Québécois, loin, loin, quelque part dans ma lignée, j'ai du sang autochtone. Rien d'exceptionnel en soi, mais d'apprendre la nouvelle au moment où je sens que j'ai besoin de m'enraciner, de me reconnecter avec mes ancêtres, ça prend des proportions de révélation.

Me voilà donc, à la suggestion de Jacynthe, dans une hutte de sudation comme dans le ventre de ma mère, couchée sur la « Terre Mère ». Je suis dans le bois derrière la maison de Dominik, le soir de la dernière journée de mon voyage. Le *sweat lodge* est l'étape ultime et il aurait été possible que je fasse une retraite dans le bois sans me rendre jusque-là. C'est Dominik qui évalue depuis trois jours si je suis prête à vivre l'expérience, et surtout si elle est nécessaire à mon cheminement. J'ai donc observé, avec un mélange de curiosité et d'anticipation, la hutte en question depuis le confort de ma tente de prospecteur. Disons qu'on est loin de la maison en ville ! La tente où je dors et la fameuse hutte sont toutes les deux installées non loin l'une de l'autre sur une colline, dans le sous-bois.

J'ai donc passé trois nuits seule dans la tente de prospecteur, avec un poêle à bois que je n'arrive pas à faire fonctionner, à me préparer à l'éventualité de ce rite initiatique qui comporte trois portes, dans mon cas, c'est-à-dire que je sors de la hutte pour y entrer à nouveau à trois reprises. On ouvre la porte trois fois. La trinité.

Je revois mes amis et mon *chum* rouler des yeux quand je leur ai annoncé mon projet.

— Tu t'en vas où ?

— Dans le bois avec la nature pour étudier la tradition amérindienne. Si je suis chanceuse, je vais voir des bisons, fumer la pipe sacrée et me reconnecter à mes racines, à mes ancêtres. Me réconcilier avec mon héritage.

Mon *chum* n'en revient tout simplement pas. Mes amis, eux, sont moins surpris. Au fil des ans, ils m'ont vue, de temps à autre, m'embarquer dans toutes sortes d'aventures. Ils savent aussi que je prends soin de m'informer adéquatement sur les gens que je consulte, les lieux que je visite et les expériences auxquelles je me soumets. Je suis à l'affût quand il s'agit de ma croissance personnelle et très consciente des dangers potentiels. Je sais me préparer adéquatement.

Un séjour dans le bois, quand même, ça provoque pas mal d'incrédulité. Je pense que secrètement des paris se prennent sur le temps qu'il me faudra avant de prendre mes jambes à mon cou et de rentrer penaude dans le confort de ma maison en ville.

— Mais t'es même pas capable de faire du camping ! Es-tu certaine que tu vas être correcte ?

« Pas certaine », ai-je le goût de lui répondre. Mais je sens que j'ai besoin de m'ancrer dans le sol. Il y a plein d'adeptes du camping, ils survivent seuls la nuit, en forêt, pendant des semaines, pourquoi pas moi ? Jamais trop tard, pourquoi pas maintenant ?

Les grandes tristesses sont passées, les grandes décisions prises. Les cinq dernières années ont été marquées par le décès soudain de mon père, le cancer sans appel de ma mère, l'accompagnement vers sa mort il y a trois ans. Peu de temps après, je me séparais de mon conjoint de longue date. Pour une fille unique, ça fait beaucoup de repères perdus en peu de temps. Pour être certaine de vraiment repartir à neuf, j'ai également démissionné du poste de journaliste aux sports à l'émission *Salut Bonjour !*, poste que j'occupais depuis sept ans.

Depuis, j'ai rencontré un nouvel amoureux et entamé un virage professionnel qui se précise de plus en plus. Ma nouvelle vie est remplie de bonheur, de voyages, d'amour, de temps, de liberté, mais il me reste une connexion à faire. Une liaison profonde avec la personne que je suis devenue après tous ces chamboulements de vie, et aussi avec mon héritage. Pour ce faire, je dois retourner aux sources, me réconcilier avec l'endroit d'où je viens, avec le sang qui coule dans mes veines.

Je sais que je suis assez solide pour traverser les tempêtes. J'ai trouvé une façon d'accepter et même d'accueillir les grands changements, et j'en suis fière. Mais les deux dernières années m'ont placée face à de nouveaux défis. Je suis sur le point de boucler un virage à 180 degrés, un changement de cap complet dans ma vie, et le dernier droit est étonnamment le plus ardu.

Une fois le calme revenu, dans une vie qui a été déréglée, on se rend souvent compte qu'il faut apprendre à se réapprivoiser parce que les épreuves nous ont transformés. Une nouvelle vie, c'est aussi beaucoup d'ajustements, de peur et d'insécurité. Ça brasse autour, ça dérange et ça confronte. C'est une épopée remplie de surprises et de doutes, mais aussi de grandes réalisations. Le chemin est sinueux, jonché d'obstacles, et la panique nous guette dans le détour, mais pour rien au monde je ne changerais le parcours qui m'a amenée ici, aujourd'hui, même si j'ai bien hâte qu'on ouvre la fameuse porte !

« Dehors, dehors ! » crie maintenant le chef amérindien.

Trop désorientée pour me mettre à quatre pattes et sortir, je me roule littéralement à l'extérieur, complètement en sueur, et Dieu sait que je déteste suer ! Le « gardien de feu », qui veille sur nous de l'extérieur, réchauffe les pierres et alimente le brasier pendant que nous sommes dans la tente, m'enveloppe immédiatement dans une grosse couverture chaude. Les soirées d'octobre sont fraîches, au Québec, et il faut garder le corps à la bonne température en vue de la deuxième étape de l'expérience de sudation.

Il y a quelques instants, alors que nous étions dans le noir de l'abri traditionnel, le chef nous a raconté, à Marie-Josée et à moi, la légende amérindienne de la naissance de l'Univers avec toute la couleur du folklore de nos ancêtres. Nous avons chanté et célébré les saisons au rythme du tambour.

Au début, je chuchotais à peine…

— Vas-y, Petite Pomme, chante ! Crie ! Tu fais partie de cette épopée, dans tes veines tu portes l'histoire du monde. C'est aussi la tienne, celle de tes origines. L'Univers est ta famille, la Terre est ta mère et elle prend soin de toi. Tu as tout ce dont tu as besoin autour de toi. Laisse-toi bercer, laisse la Terre s'occuper de toi, soigner tes blessures. Vibre au rythme de la Terre.

Petite Pomme… C'est le nom affectueux que mon père avait trouvé pour moi quand j'étais petite. Je mangeais des pommes tous les jours. À 10 heures, tous les matins, une pomme coupée en morceaux. C'est donc devenu mon surnom de retraite amérindienne.

Les paroles de Dominik font monter beaucoup d'émotions. D'abord, choisir de cultiver les beaux souvenirs de l'enfance plutôt que de gratter sans cesse les blessures est nouveau pour moi. Ensuite, cette idée que, bien que je sois orpheline, je suis entourée en tout temps, que ma famille c'est la nature, la Terre, que je viens de là et que j'y retournerai le moment venu. Que tout ce qui vit autour de moi fait aussi partie de moi et vice-versa. C'est très puissant comme sentiment.

En fait, ça change tout.

C'est l'idée que j'ai tout ce dont j'ai besoin en permanence autour de moi. Je n'ai rien à « gagner », puisque tout est déjà là. Suffit simplement de m'arrêter pour le remarquer, le voir, le sentir, l'accepter et surtout lui faire confiance. C'est libérateur. Plus besoin de chercher continuellement ma place, mon bonheur, mon succès dans une course effrénée vers quelque chose. Je suis déjà arrivée, peu importe où j'en suis. C'est une redéfinition complète de l'accomplissement, de l'objectif d'une vie. C'est simple, mais en même temps tellement complexe pour quelqu'un qui a été élevé avec d'autres croyances.

« Occupe-toi de tes affaires, Marie-Claude. Personne ne va s'en charger, autrement. On est seul dans la vie », me répétait souvent ma mère.

Inconsciemment, j'ai perdu beaucoup de temps à chercher appartenance, validation et acceptation à l'extérieur. J'ai besoin de me faire répéter que je suis chez moi partout, que mes racines sont sous mes pieds tous les jours de ma vie. Que mes ancêtres vivent dans le sol, dans l'eau, mais surtout qu'ils veillent sur moi. Que le soleil qui me réchauffe me donne la chaleur dont j'ai besoin. Que je suis connectée à quelque chose de fort, de puissant, de solide. Il y a quelque chose là-dedans qui me remplit, qui m'apaise profondément. C'est la clé vers le dernier droit d'un long processus entamé il y a trois ans et qui n'est pas encore tout à fait complété.

Alors je me permets de chanter au son du tambour, même si je sais que je casse probablement les oreilles de Dominik et de Marie-Josée, mes deux compagnons de *sweat lodge*! J'ai le goût de célébrer cette réalisation, je me sens incroyablement joyeuse, calme et euphorique.

Puis le doute revient. Comme un oiseau perché dans les hauteurs des arbres qui observe la scène avec un sourire narquois et railleur.

Veux-tu ben me dire qu'est-ce que tu fais là? C'est ridicule, tout ça. C'est la chaleur qui te fait halluciner. Reviens en ville, ma fille. La vie est difficile, il faut bûcher. T'es toute seule, vaut mieux l'accepter, faire avec, au lieu de te faire raconter des contes de fées. Tu vas revenir à la réalité et rien n'aura changé. C'est pareil pour tout le monde. Protège-toi, fais de ton mieux et baisse tes attentes. T'es en santé, tu manges tous les jours, c'est déjà beaucoup. T'en as déjà fait pas mal, apprécie ce que t'as, cherche pas plus loin. Embarque dans le train, avance, travaille. Gèle tes passions, ta créativité, t'as pas le luxe de vivre comme ça, toi.

J'ai le cœur qui se débat dans la poitrine. C'est vrai que c'est loufoque tout ça, dans le fond. Une partie de moi veut se sauver et rentrer à la maison. En même temps, c'est ça aussi, le sang qui coule dans mes veines. Des générations de femmes aigries pour qui la vie a été un combat jusqu'à la fin. Des générations d'hommes qui ont baissé les bras et accepté de subir leur existence. Pourquoi me reconnecter à tout ça ici, aujourd'hui? Vaut mieux regarder en avant et laisser tout ça derrière! En avant, tout le monde le dit, faut regarder en avant.

Le chef me regarde du coin de l'œil comme s'il voyait la pièce de théâtre qui se joue dans ma tête.

«Tu peux toujours t'en aller, tu es libre et, peu importe ce que tu choisiras, ce sera la bonne décision pour toi. Chaque chose en son temps.»

Je reste silencieuse.

La porte de la hutte est ouverte.

J'y vais ou je rentre chez moi?

Je m'arrête ou je continue?

Je rentre la tête dans les épaules, je fixe le sol.

Et si c'était vrai ?

Et si je pouvais vraiment vivre plus facilement, plus calmement, de manière plus sereine, plus libre ?

Je sais depuis quelques mois qu'il y a autre chose que des horaires, des contraintes, du stress, des obligations et des objectifs de plus en plus difficiles à atteindre. Mais je ne suis toujours pas totalement libre.

J'ai encore l'impression de courir après une vie qui glisse entre mes doigts. Cette fois, c'est le jugement intérieur, le regard des autres mélangé à mon héritage, que je dois démystifier.

Peut-être que je m'en rendais moins compte, avant de voir mes parents mourir à soixante ans ?

Me semble que la transition est plus longue et ardue que je l'anticipais.

Ce serait peut-être plus facile d'oublier tous ces questionnements et de rentrer dans les rangs.

Je respire profondément, je relève la tête en fermant les yeux, et l'oiseau moqueur du doute finit par s'envoler de sa branche virtuelle.

Je me lève, je marche vers la hutte de sudation d'un pas décidé.

Ce n'est pas vrai que j'ai fait tout ce chemin pour rentrer chez moi. La vie est trop belle pour la réduire à une épreuve à traverser, avec des moments de bonheur de moins en moins longs et fréquents, sous le contrôle des attentes et des apparences. Je n'ai pas envie d'avoir peur tout le temps. Peur de perdre, peur d'être malade, de vieillir seule dans un CHSLD, peur de souffrir, peur de montrer mes vraies couleurs, peur d'être rejetée, peur de manquer d'argent, peur de vivre, peur de mourir.

«Deuxième porte!» crie Dominik en fermant l'ouverture vers l'extérieur.

Me revoilà dans la noirceur. Les pierres au centre ont été remplacées par des plus chaudes, elles sont rouge vif et brûlantes. Il fait encore plus chaud qu'avant. Je me couche à nouveau sur mes branches de sapin.

Plus calme, je résiste mieux à la chaleur cette fois. Je sens moins de panique, plus d'assurance. Juste le fait d'avoir déjà traversé la première étape, tout est moins paniquant. J'ai plus de repères. Quand la détresse revient, je l'apprivoise plus facilement parce que je l'ai déjà rencontrée. On dirait que tout est moins pire la deuxième fois. Même si c'est plus intense, c'est moins lourd.

C'est peut-être la même chose avec le reste?

Plus on avance, plus ça devient facile?

Le chef reprend le tambour et les chants, je me sens bercée par sa voix et je repense aux dernières années, depuis le départ de mes parents, aux transformations surprenantes et souvent déstabilisantes qui ont marqué un chemin que j'avais imaginé se dessinant comme un long fleuve tranquille.

Première partie

« Nous devons nous y habituer.
Aux plus importantes croisées de chemin de
notre vie, il n'y a pas de signalisation. »

Ernest Hemingway

Automne 2010, Montréal

« Tu peux t'asseoir, Marie-Claude. Un petit imprévu à l'horaire, le rendez-vous est décalé de quelques minutes, quinze ou vingt, tout au plus », me dit l'adjointe de ma patronne.

Assise sur une chaise droite et inconfortable, je cherche désespérément un bout de peau intacte autour d'un de mes ongles pour pouvoir partir un autre « reculons ». J'ai cette mauvaise habitude de tirer nerveusement sur les peaux sèches autour de mes ongles. Je me rends jusqu'au sang avant de les arracher avec mes dents. Si je n'avais pas de manucure en gel, je n'aurais tout simplement plus d'ongles. C'est ma façon de gérer ma nervosité extrême. Je n'ai pas mangé, ce matin, pendant mon quart de travail à *Salut Bonjour!*, trop occupée à taper du pied sous mon bureau entre mes bulletins de sport. De toute façon, j'ai une énorme boule dans l'estomac.

C'est le grand jour.

Je peux encore reculer, changer d'idée. Personne, à part quelques amis proches, n'est au courant. De toute façon, tout le monde est habitué à entendre la complainte des artisans de la nuit et du matin : « Je

27

n'en peux plus, j'adore mon travail, mais je suis physiquement et mentalement épuisée, je ne peux plus continuer comme ça.» Toujours le même refrain. C'est parfois au lendemain d'une chicane de famille ou de couple, ou à la veille de vacances tant attendues. Après les promesses, les excuses et quelques grasses matinées, la plupart d'entre nous repartent de plus belle. Après tout, la liste d'attente est longue pour un poste en vue, permanent et bien rémunéré dans une grande chaîne de télévision. C'est la gloire, le succès, la validation suprême. Ça fait partie des modes de vie les plus convoités.

Malgré tout, je suis arrivée au terminus. Il n'y a plus d'heures de sommeil, de perspectives de vacances pour me faire changer d'avis. Même la peur et la culpabilité héritées de mon enfance ne me permettent plus de m'accrocher. La gloire, le succès, la validation extérieure, c'est un énorme monstre qu'il faut nourrir sans arrêt. Plus le temps passe, plus le monstre a faim et moins on a de nourriture à lui donner. Ces deux dernières années, j'ai l'impression de courir sur un tapis roulant qui n'arrête pas d'aller plus vite. Je peine à maintenir la cadence.

Mais si j'arrête, que va-t-il se passer?

C'est l'inconnu, mais surtout l'inconnue. Ne pas savoir ce qui m'attend en termes d'occupation, c'est une chose. J'ai déjà fait face à ce type d'inconnu. Ne pas savoir qui je serai en est une autre. Ça c'est le facteur de l'inconnue. Là, maintenant, je suis *Marie-Claude Savard de Salut Bonjour!* La fille des sports qui a conquis un univers d'hommes, puis perdu ses parents. La fille qui fait face à l'adversité. Je fonce malgré les contraintes et les deuils.

C'est ma place à moi dans l'espace collectif, médiatique, et maintenant dans ma vie personnelle. Les frontières ont fondu au fil des années. Aujourd'hui, je « suis » ce que je « fais ».

Mais si je choisis de sortir de ce personnage de battante, de ne plus entretenir cette identité, qui fera surface alors ? Je pourrais toujours continuer dans le même chemin, me trouver d'autres combats à livrer, d'autres défis à relever, tant sur le plan personnel que sur le plan professionnel. Mon employeur lance sous peu une nouvelle chaîne de sport. Naturellement, je pourrais reprendre les armes et partir au front, travailler des heures supplémentaires, m'investir corps et âme. C'est le chemin du confort et de la raison, et même s'il implique travail et sacrifices, c'est le chemin défriché, le plus évident à prendre. Celui qui correspond aux attentes.

Pourtant, un instinct de plus en plus fort me dit que mon destin est ailleurs. Qu'il y a d'autres horizons à explorer, d'autres projets à inventer, à lancer et à mener à bien, d'autres types d'expériences à vivre, loin du champ de bataille, des attentes collectives. Je souhaite déposer mon armure, que j'ai de plus en plus de difficulté à porter.

Surtout, j'étouffe depuis des mois dans mon travail au quotidien. Il m'a fallu me battre pour obtenir quelques semaines de repos après les décès successifs de mes parents. On est dans un univers de performance à tout prix. Pas trop de temps pour les moments de vulnérabilité, impossible d'arrêter de courir. Vite, il faut un diagnostic, un papier de médecin, et il est urgent d'entamer une thérapie, de faire quelque chose pour régler le dossier rapidement. Pourtant, je ne suis pas malade. J'ai juste besoin de temps, de vide, de repos. J'ai besoin de me nourrir de l'intérieur au lieu de m'étourdir à l'extérieur.

« Elle revient quand au travail, Marie-Claude ? Est-ce qu'on peut prévoir qu'elle sera au lancement de programmation ? »

Tous les jours, c'est le rythme effréné. Il faut produire plus, encore plus, toujours plus vite. Si on a un moment de faiblesse, c'est correct, on n'est pas des rétrogrades, on accepte, mais faut pas trop traîner. Faut être efficace même dans la faiblesse et rentrer rapidement dans le rang, parce que le rythme de la course augmente en intensité et que si on débarque trop longtemps, ce sera difficile, voire impossible de suivre à nouveau la cadence. On sera officiellement dépassé. Qui veut se faire traiter de « dépassé » par ses collègues ?

Performance, bonne humeur et perfection sont les mots clés. Après tout, on est privilégiés, dans la vie, alors allez, vite, on retient son souffle et on sourit. Deux semaines de congé, ça devrait être suffisant pour se remettre de n'importe quoi. De toute façon, c'est mieux de rester occupé, de bouger, d'extérioriser, de suer, d'accomplir. Faut faire sortir le méchant !

« Tu sais c'est quoi, ton problème ? »

C'est la question que m'avait posée un cadre, peu de temps après la mort de ma mère, alors que je demandais quelques semaines de congé.

« Tu n'as pas d'enfants. Si tu avais des enfants, t'aurais pas le temps de te morfondre autant. Moi, mes enfants, c'est mon équilibre. Je me lève à

5 heures, je fais ma course à pied une heure, je vais conduire mes enfants, j'arrive au bureau à 8 heures, je quitte à 18 heures, je rentre à la maison et je m'occupe de mes enfants. Ça me garde en santé. C'est comme ça que je reste stable.»

Soit.

Si j'avais des enfants, je serais probablement plus remplie de l'essentiel, de l'amour inconditionnel. Mais là, je n'en ai pas d'enfants.

En même temps, je ne peux pas prendre de congé pour la mortalité mais on me suggère un congé de maternité?

Étrange.

Là, tout de suite, la maternité n'est pas dans les cartes et je ne crois pas que ce soit la solution.

Mon cœur me dit: «Wooooô les moteurs, on ralentit s'il vous plaît.» On ne sait plus où on en est, on ne sait plus ce qu'on fait, on ne comprend plus pourquoi. C'est comme une grosse alarme rouge qui dit STOP!

La raison contre le cœur. Lequel des deux l'emportera?

— Veux-tu un jus d'orange, un croissant, un café?

Ma patronne est assise devant moi autour d'une table ronde. Dieu que je suis nerveuse.

On fait comment pour annoncer son départ d'une grande institution? Avec une lettre? Je n'en ai pas écrit, pas encore du moins, ce serait peut-être trop officiel.

— Non merci. À cette heure-ci, j'en suis au lunch plutôt qu'aux viennoiseries.

De toute façon, j'ai la nausée et un chat dans la gorge, alors ma réponse sort toute croche. Je dois l'avouer, je suis toujours inconfortable devant l'autorité.

— C'est vrai, j'oublie toujours que vous vous levez à 3 heures du matin! me répond-elle avec un sourire courtois.

— Justement, c'est un peu de ça que je suis venue parler, lui dis-je en cherchant une façon de placer mes mains sur la table.

Je vois dans son regard la crainte d'une conversation difficile sur l'impossibilité de prendre des vacances pendant les périodes de sondage de cotes d'écoute, ce qui veut dire entre mi-août et la Saint-Jean-Baptiste, en excluant la période de Noël.

Mais non, je ne veux pas parler de congés…

Je prends une grande respiration.

— Je viens simplement te dire que cette saison sera ma dernière à *Salut Bonjour!* J'ai beaucoup réfléchi, ces derniers mois, c'est une décision mûrie. Je crois sincèrement que j'ai besoin de faire autre chose. Je préfère céder ma place à quelqu'un qui a l'enthousiasme et l'énergie que mérite cette émission. Je sens que je commence à traîner de la patte et j'aime mieux tirer ma révérence avant que ça paraisse. Je veux partir pendant que ça va bien.

Silence de l'autre côté.

Mal à l'aise, je meuble le silence.

— Je voulais simplement vous en parler plus tôt que plus tard pour vous permettre de trouver quelqu'un pour me remplacer. Je sais que ce sont de grosses décisions. Je souhaite que la transition se fasse harmonieusement.

Autre silence, puis un soupir.

— C'est décidé? Irréversible?

Elle pèse ses mots.

Ça roule à toute vitesse dans ma tête… C'est irréversible ? Je ne sais pas, je suis paniquée. Pourquoi j'ai dit ça comme ça plutôt que d'entamer une discussion ? Me semble que j'ai été pas mal catégorique, que ça n'ouvre pas la place à autre chose. Mon Dieu, qu'est-ce que j'ai fait ? Non, non, non !

— Oui.

Je réponds calmement. C'est comme si quelqu'un d'autre avait pris la télécommande et me guidait à distance. Je n'en reviens pas d'entendre ce qui sort de ma bouche !

— Donc, tu termineras la saison complète ? me demande ma patronne.

J'ai l'impression d'être dans un film.

— Oui, jusqu'au congé de la Saint-Jean-Baptiste, ensuite je fais autre chose. J'aimerais continuer à travailler pour vous, s'il y a une petite place quelque part pour moi.

Nouveau silence.

Cette fois, je ne peux pas le meubler.

Puis finalement…

— Tu te lances dans le vide, Marie-Claude.

Une autre pause qui semble interminable. Elle veut dire quoi, au juste ? Que je suis en train de sauter d'un avion ? Avec un parachute ou sans parachute ? Que je me lance dans le vide comme du toit de l'édifice et que je vais m'écraser sur le béton ?

— Ça prend du courage, mais il vaut mieux ne pas avoir d'attentes, ça t'évitera des déceptions, me dit-elle.

À mon tour d'imposer un silence. Si je lis adéquatement entre les lignes, elle me dit que je prends un énorme risque en démissionnant et que j'ai plus de chances de me retrouver devant rien que de retomber gracieusement sur mes pieds. Je suis donc dans un forfait sans parachute pour mon expérience de vol plané.

Mais qu'est-ce que je viens de faire ?!

Un petit moment pour absorber ce qui vient de se dire.

Puis tout d'un coup, je veux sortir de là au plus vite.

J'ai la tête qui tourne et je comprends que la transition ne se fera pas sans heurts. Ça fait deux ans que j'effleure le sujet, que j'essaie de voir ce qui pourrait s'offrir à moi dans l'éventualité d'un départ de *Salut Bonjour !* Je multiplie les rencontres, je tâte le terrain doucement. Chaque fois, je comprends que, pour le moment, il n'y a rien d'autre. Est-ce que c'est une façon pour l'entreprise de protéger la stabilité dans l'émission ? Si tout le monde décidait de se gérer soi-même, ce serait la maison des fous, alors on garde le contrôle. La dernière phrase de ma patronne m'a confirmé qu'il ne s'agissait pas d'une retenue stratégique. Même si je prends les devants et que je précipite la fin, il n'y a pas d'options sur la table. Ça changera peut-être d'ici le mois de juin, mais j'en doute. Il n'y a pas une grande marge de manœuvre dans une grande entreprise. Chacun a son rôle à jouer et il n'y en a pas des tonnes. Tu ne veux plus de ton rôle ? On passe au prochain appel.

Comme je suis émotive, vaut mieux sauver la face.

Je me lève, je tends la main.

— Merci beaucoup de m'avoir reçue ce matin. Nous aurons le temps de discuter à nouveau, on est seulement au mois d'octobre.

— Justement, me dit ma patronne en se levant. Gardons cette décision confidentielle. Nul besoin d'indisposer les autres membres de l'équipe si tôt dans la saison. On se reparlera, pour la suite, on coordonnera une annonce pour l'équipe et pour les médias, et il y aura aussi des procédures administratives à considérer.

Je quitte calmement le bureau avant de regagner le mien en vitesse afin de prendre mes effets personnels le plus rapidement possible pour sortir de l'édifice. Beaucoup de choses ont été dites en très peu de mots.

Une fois dans ma voiture, je tremble et j'éclate en sanglots.

J'ai peur.

Peur du changement, peur de regretter, peur de ce que j'ai fait.

En même temps, étrangement, je me sens soulagée.

Avant *Salut Bonjour!*, j'ai fait quatre ans comme travailleuse de nuit à la radio, en tant que recherchiste dans les émissions du matin, puis j'ai travaillé sept ans tôt le matin jusqu'à très tard le soir à Radio-Canada. J'ai aussi tenu le chiffre du matin de fin de semaine à la société d'État. Puis sept ans de 3 heures à 10 heures du matin. Mis bout à bout, ça fait dix-huit ans d'horaires atypiques, de fins de semaine, de soupers, de déjeuners au travail et de congés qui se transforment en boulot parce qu'un joueur a été échangé, qu'un entraîneur a perdu son emploi. Dix-huit ans de périodes à faire quarante jours d'affilée pendant les grandes compétitions, de changements incessants de quarts de travail, de problèmes de couple, d'amitiés négligées, de fatigue, de culpabilité, de stress, de peur de perdre mon emploi, parce que quand tout ce qu'on a c'est le travail, c'est déstabilisant de penser qu'on pourrait le perdre. Et il y a toujours quelqu'un qui arrive frais et pimpant, prêt à y mettre encore plus d'heures, à faire encore plus de sacrifices pour la gloire et l'opportunisme. Ça n'arrête jamais. Il y a longtemps que je ne vois plus cette chance incroyable d'avoir une carrière dans les médias, et ça, c'est le plus triste. Si je ne suis plus en mesure de profiter du rêve pour lequel j'ai tant bûché, alors aussi bien passer le flambeau à quelqu'un d'autre plutôt que de m'accrocher.

Je suis vidée.

Je ne veux pas me retrouver sur mon lit de mort pleine de regrets, comme mes parents. Donc, c'était la décision à prendre. Ça fait des années que j'y pense. Je savais bien que ce ne serait pas facile.

MAIS J'AI TELLEMENT PEUR!

Au moins, je me suis donné du temps. En annonçant la décision à mes patrons en octobre, j'ai plusieurs mois pour mettre des sous de côté. Dans le fond, je vais me faire un programme de sabbatique différé. Dans le pire des cas, je vends ma maison, je retourne en appartement. Je n'ai pas d'enfants, je suis à la fin d'une relation – ça fait plusieurs fois que mon conjoint me parle de séparation. Déjà, un horaire de nuit impose un rythme de vie difficile pour un couple, si on ajoute des parents malades, des décès successifs, ça teste une union. Nos fondations sont fragiles. Je me dirige dans une direction professionnelle tellement à l'opposé de celle de mon conjoint, qui cherche la sécurité et la routine. Je sens bien que tout ça va sûrement basculer au cours des prochains mois. Les signes ne trahissent pas. Nos chemins se séparent.

Je repars donc à neuf dans tous les domaines de ma vie. L'étape des quarante ans approche. On dit que c'est un passage marquant. La crise de moitié de vie, pour traduire l'expression anglaise. Disons que je l'ai étampée en plein front !

Mais j'ai encore du temps.

Il me reste quelques mois avant de franchir le Rubicon. Il me reste aussi une saison rémunérée pour faire ma transition.

Pour amorcer un virage et pour m'aider à ne pas trop ruminer, j'ai commencé à écrire. Tous les jours, quand je rentre à la maison à midi, je m'assois à mon bureau et j'écris. Le fait d'avoir pris une décision m'a enlevé un fardeau des épaules, et on dirait que de savoir que l'échéance approche me redonne de l'énergie. Je suis drôlement moins fatiguée. Il faut dire que je n'ai plus ce rôle de proche aidante, puisque mes parents sont décédés. Moins de responsabilités et de stress, aussi, mais c'est surtout l'idée que ma vie va changer qui me donne des ailes. Je vais pouvoir dormir, dans quelques mois ! Plus besoin donc d'économiser mes énergies, et la politique de bureau m'affecte moins, alors je me sens moins alourdie. J'ai encore cette distance de quelques mois qui me garde dans le confort, mais un détachement progressif libérateur s'installe un peu chaque jour. Je vis le meilleur des deux mondes, finalement.

Me voilà donc inspirée, et tous les jours les mots arrivent dans ma tête. Je ris, je pleure, en racontant mon histoire, je me libère tranquillement, je retrouve ma créativité, ma liberté.

Marie-Claude Savard auteure… Ça se peut vraiment, ça ? Je n'en parle pas encore, je ne sais pas trop ce que ça va donner. Je ne veux surtout pas me mettre plus de pression en disant tout haut que j'écris. Ça me semble tellement impossible d'écrire un livre, comme un genre de concept virtuel.

Pourtant, il y a quelques années, j'avais été approchée par une éditrice de Libre Expression, une entreprise sœur de TVA, dans l'univers Québecor. Je venais de gagner mon premier Metrostar et j'étais la sensation de l'heure. Johanne Guay, vice-présidente Édition au Groupe Librex, m'avait invitée à dîner pour prendre le pouls de mon intérêt pour l'écriture d'un livre. Je me souviens d'avoir trouvé l'idée très intéressante, mais dans mon for intérieur je me demandais de quoi je pourrais bien parler. Le processus d'écriture me semblait aussi tellement long, compliqué et ardu que j'étais certaine qu'avec un quart de travail comme le mien, je ne trouverais jamais l'énergie nécessaire. De toute façon, je décollais enfin, dans ma carrière, l'adrénaline coulait à flots, alors à quoi bon m'imposer une discipline du genre ? Je surfais sur la vague. Mauvais *timing*, mais quand même… Johanne avait ouvert une porte, cette journée-là. Sept ans plus tard, j'avais décidé de l'explorer en secret, dans le confort et la confidentialité de mon bureau.

Finalement, je me suis rendu compte qu'écrire, ce n'est pas juste une discipline et un processus douloureux. Pantoute ! C'est l'*fun* ! Deux pages deviennent dix, puis vingt et bientôt cent. Ça bourdonne sous mes doigts, je brûle de partager les derniers mois, d'ouvrir la porte sur ce que j'ai au plus profond de moi. Jamais je ne me censure. De toute façon, je ne sais même pas ce que je vais faire avec le manuscrit. Ce sera peut-être juste pour moi, pour m'aider dans cette transition professionnelle et personnelle. La seule chose que je sais, c'est que ça me fait du bien et que la petite voix intérieure qui me pousse à mettre ma vie sens dessus dessous est contente quand je me mets au clavier. Ça brasse, mais étrangement ça me donne un sentiment puissant de paix intérieure.

Mon titre de travail est *Orpheline*. Je trouve ça beau, dérangeant en même temps, et ça me fait du bien. Je suis orpheline de mes parents, bientôt je serai orpheline de mon travail et probablement célibataire. Ça me fait du bien de le regarder en face tous les jours et ça me donne aussi beaucoup de force et d'assurance. Une thérapie gratis et encore secrète.

Ce projet, qui n'aboutira peut-être pas, me permet de filer vers mes trente-neuf ans dans une sécurité relative. Mon couple s'effrite, puis il reste six mois avant la Saint-Jean-Baptiste et la fin de *Salut Bonjour !*, mais j'ai cent cinquante pages dans mon ordinateur. J'ai un pied sur le quai, l'autre dans le bateau. Je peux toujours revenir en arrière, faire *delete* sur le manuscrit, dire à ma patronne que je me suis trompée.

Depuis des semaines, je n'ai eu aucune autre conversation au travail au sujet de mon départ. C'est comme si je n'avais jamais parlé de rien à qui que ce soit. Certains jours, je me dis : *C'est pas si mal finalement, reste donc encore deux autres années, le temps de voir s'il n'y a pas un autre projet dans la boîte pour toi.* Puis, à d'autres moments, quand je regarde autour de moi les fourmis affairées, le sourire aux lèvres je me dis : *Tout est bien qui finit bien. C'est le temps de passer à autre chose, sinon c'est autre chose qui va te passer dessus. C'est le temps de partir et c'est parfait.* Des montagnes russes d'émotions et un grand vide qui se rapproche de moi de jour en jour. Plus le temps file, plus le dialogue intérieur est contradictoire. Oui, non, oui, non, oui, non, peut-être…

Juste avant mon trente-neuvième anniversaire, en décembre, je me décide finalement à bouger. Je fouille dans mes anciens agendas pour retrouver les coordonnées de cette éditrice rencontrée il y a sept ans. Je ne me souviens plus de son nom, ni même de la maison d'édition, alors bonne chance pour la retracer sur Internet ! Je me demande même si elle est encore en poste. Ensuite, je me demande si elle voudra d'un ouvrage sur le deuil et l'accompagnement. Pas mal certaine que ce n'est pas à ça qu'elle pensait quand elle a rencontré la fille des sports qui venait de gagner un trophée. Voudra-t-elle d'un livre sur un sujet si peu attrayant écrit par une *has been* de la télé ? MERDE ! Tout allait si bien, et là, l'insécurité qui revient encore ! Chut, chut et rechut ! TA GUEULE !

Le téléphone sonne.

— Libre Expression bonjour, répond une voix enjouée.

— Euh, oui… bonjour. Est-ce que par chance Mme Johanne Guay travaille encore chez vous ?

Ma voix manque d'assurance.

— Oui, bien sûr ! Qui puis-je annoncer ?

— Marie-Claude Savard, de *Sa*…, euh, Marie-Claude Savard.

— Je vous mets en attente, madame Savard.

Yeh ! Elle travaille encore là !

Petite musique apaisante au téléphone. Me semble que c'est long, là, avant qu'elle me réponde. En attente… Ben oui, c'est certain que je suis en attente, quelque chose de nouveau avec ça ?

Encore la musique.

Peut-être que je devrais raccrocher. Elle doit se demander pourquoi j'appelle et hésite à prendre le combiné. Peut-être qu'elle ne se souvient plus de notre rencontre. J'ai l'air de quoi là, moi ? Allô, j'ai écrit un livre ! Je ne peux toujours pas dire juste ça. Ça fait bizarre. Je suis qui, moi, pour écrire un livre sur le deuil et l'accompagnement ? Je ne suis pas psy, pas *coach* de vie, je n'ai aucune crédibilité. Et puis, va falloir que je lui dise que je quitte *Salut Bonjour !* à un moment donné.

— Madame Savard, vous êtes toujours là ?

La voix enthousiaste est de retour au bout du fil.

— Oui, bien sûr !

Là, c'est moi qui suis beaucoup trop de bonne humeur.

— Mme Guay est en réunion, présentement, elle peut vous rappeler à quel numéro ?

Du temps, encore du temps. Il y aura un rappel, je pourrai planifier un peu mieux mon approche, peaufiner mon affaire. Le temps est vraiment devenu mon plus grand allié. Je laisse mon numéro de cellulaire. Après tout, il est encore bon pour quelques mois !

Automne 2011, Portugal

— Quelle heure est-il ? me demande une voix qui me semble lointaine, derrière le bruit des vagues.

Je tourne la tête et, sans ouvrir les yeux, je réponds lentement.

— Aucune idée.

Le soleil plombe, sur la plage de Praia Verde en Algarve. Des kilomètres et des kilomètres de sable blanc et le bruit des vagues. Parce qu'il y a de la vague ici, mes amis ! Assez pour faire du surf, assez pour s'amuser dans l'eau. Ah oui, j'oubliais… l'eau est chaude. Elle a été réchauffée par l'été le plus chaud que le Portugal ait connu en cinq ans, si bien qu'en ce début d'octobre on se croirait en plein mois de juillet. Pas de pluie depuis mon arrivée, à la mi-août. Ça fait six semaines que je suis écrasée ici sur la plage, à trois minutes de marche de ma villa méditerranéenne. Il y a de moins en moins de touristes, les condos et villas de ce qui ressemble à un mini Mont-Tremblant au bord de la mer ferment tour à tour chaque jour. Moi, je reste là, les pieds dans le sable, en compagnie de mon parasol et de quelques amis qui ont accepté l'invitation à venir profiter du soleil à volonté, moyennant le prix d'un billet d'avion.

À Montréal, la nouvelle saison de *Salut Bonjour!* est commencée. Le cou cassé dans ma chaise longue, j'ai l'impression que c'est tellement lointain, tout ça, que ça n'a jamais existé. Ici, pas de fille des sports. En fait, les Portugais sont étrangement méfiants, ce qui est très différent de la bonne humeur souvent artificielle de mon ancienne vie. Il faut les conquérir avant d'obtenir un sourire.

Il est très mal vu de bâiller, au Portugal. J'ai lu ça dans un guide touristique, une fois sur place. C'est peut-être ce qui explique leur méfiance. J'ai passé le premier mois de mon séjour la bouche ouverte toutes les cinq minutes!

Mais peu importe, on s'en fout ici, de la télévision québécoise, même si non loin de la plage, à quelques kilomètres de la frontière espagnole, on tourne présentement la huitième saison d'*Occupation Double*, sur laquelle mon nouvel amoureux travaille. C'est quoi ça, *Occupation Double*? ont l'air de dire les Portugais avant de retourner à leur besogne.

— Faudrait bien penser à ce qu'on va manger, me dit ma copine Sophie, qui vient de débarquer à la villa avec sa fille, qui joue dans le sable à côté de nous. Même à seize mois, Agathe aussi a oublié que c'était l'heure du lunch.

C'est le bruit des vagues. Ça fait tout oublier.

Le va-et-vient incessant de l'eau efface aussi qui je suis. En réalité, je ne sais plus vraiment qui est Marie-Claude Savard. Je me retrouve en quelque sorte dans les limbes, dans un entre-deux, ne sachant pas trop ce qu'il y a devant. Et je ne veux pas mettre d'efforts à y penser.

Depuis mon arrivée, j'ai subi une transformation complète. D'abord, je suis très préoccupée par ma corde à linge et mon lavage. Il m'a fallu six jours pour comprendre le manuel d'instructions en portugais de la machine à laver, pourtant, dans ma vraie vie, je suis une pro des appareils électroménagers. Mais ici, tout est différent. Une chance qu'il n'y a pas de sécheuse, Dieu sait ce qui serait arrivé à nos vêtements! Une fois la machine apprivoisée, je me suis rendu compte qu'il faut étendre dehors seulement à certaines périodes de la journée, quand le vent et le soleil sont de la partie, exactement au bon endroit de la cour arrière. Sinon, tout devient raide et humide. Une planification stratégique qui occupe une bonne partie de mon cerveau, et je sens que c'est exactement de ça dont j'ai besoin; de me préoccuper solidement de mon lavage.

Ensuite, ça a été la voiture manuelle et le GPS. J'avais l'habitude des voitures automatiques, alors une transmission plus tard, j'ai fini par pouvoir quitter l'entrée de la villa, un pare-chocs abîmé sur un tronc d'arbre en prime. Heureusement, on a choisi la couverture d'assurance maximale! Une fois sortie de l'entrée de cour, j'ai réalisé que le GPS parlait uniquement le portugais. En espagnol, j'aurais pu m'en sortir, mais le portugais n'a rien à voir avec les sonorités qui nous sont familières à nous, Nord-Américains. Il faut même accorder le mot «merci», alors que je n'arrive même pas à prononcer les salutations d'usage adéquatement. *Obrigada, obrigado…*

Bref, pour le GPS, il suffisait de le brancher sur le Web pour modifier l'option Langue. Sauf que pour me brancher sur le Web, il fallait que je trouve une façon de me connecter au WIFI dans une région pas encore desservie par Portugal Télécom, et hors de la période touristique, de surcroît. Après m'être égarée bien comme il faut en Espagne, m'être retrouvée dans un marécage en direction de Lisbonne et avoir essayé en vain d'obtenir des renseignements auprès de Portugais confus par ma façon de m'exprimer (le langage des signes n'est pas universel, je vous le confirme), j'ai finalement trouvé à acheter des clés USB qui fournissent un certain nombre d'heures de connexion à Internet. Le seul hic, c'est que les fameuses clés ne fonctionnent que lorsque je suis debout dans un angle très précis, dehors, à côté du BBQ, et que je ne bouge pas. Très ardu de gérer le GPS dans un contexte comme celui-là.

— Pis, comment s'est passée ta journée ? me demande mon *chum* tous les jours, en rentrant complètement épuisé de ses douze heures de travail aux maisons des candidats de la production d'*OD*.

— Faudrait que tu viennes te placer à côté du BBQ avec l'ordi pour que je branche le GPS dedans. Mais il faut vraiment pas que tu bouges pour qu'on puisse établir une connexion web, lui dis-je. Après, j'irai merveilleusement bien !

Il a cessé d'être étonné. Tous les jours amènent une nouvelle péripétie dans ma vie de conjointe accompagnatrice. Je vous épargne ma recherche intensive d'une épicerie qui vend des produits que je suis capable d'identifier. Tout est en portugais, personne ne parle anglais, et en tant que végétarienne je n'arrive pas à faire la différence entre la photo d'une dinde et celle d'un poulet. J'ai donc fait deux soupers de dinde piri piri avant de finalement arriver à mettre la main sur l'ingrédient essentiel du classique portugais, le poulet piri piri, c'est-à-dire du poulet.

Bref, entre la transmission cassée, le GPS, le Web, la machine à laver, la corde à linge et l'épicerie, je suis dans le jus. Je me demande vraiment comment j'ai pu occuper un poste multifonctionnel dans une entreprise de presse, et surtout si j'y arriverai à nouveau un jour.

Je me suis donc mise à boire pas mal de *vino verde*.

Pour décompresser, vous comprenez.

Incroyable, quand je pense que derrière moi il y a six mois complètement dingues qui m'ont vue tour à tour signer un contrat d'édition pour mon premier livre et me séparer de mon conjoint peu de temps après les Fêtes. En mars, quelques mois avant mon départ de *Salut Bonjour !*, je me retrouvais donc seule dans une maison à moitié vide. Heureusement, l'animation de la deuxième saison de la série *Montréal-Québec* et la coanimation du *Défi des Champions*, sur les ondes de TVA, ont rempli tous mes week-ends de l'hiver et du printemps, alors que je continuais à assumer mes fonctions habituelles en semaine. Je n'ai donc pas eu grand temps pour me sentir seule et désorientée. Fatiguée, par exemple ! Oh que oui ! Une chance que je savais que le train arrivait à la gare et que j'allais pouvoir descendre sous peu. Pour une fille qui voulait ralentir, j'ai dû doubler la cadence avant de faire mon *stop*. Disons que j'étais échevelée. En même temps, les engagements professionnels me permettaient de mener à bien mon projet d'économies en vue d'une sabbatique, et le contrat d'édition me donnait une perspective de revenus à plus long terme.

Mon taux de stress concernant ma survie a donc baissé d'intensité avec la perspective d'une rentrée d'argent stable pendant une période déterminée, et j'ai retrouvé un sens à ma vie avec cette décision de changer de travail. C'est ce qui m'a donné l'énergie pour terminer le dernier droit. Tout ce que je faisais avait pour but de sécuriser ma période d'arrêt.

Le 4 avril, alors que je soulignais le premier anniversaire du décès de ma mère, je mettais les touches finales au manuscrit d'*Orpheline*, qui partait chez l'éditeur pour la révision. Je ne l'avais pas relu une seule fois. J'étais trop fragile pour le faire. Tous ces changements, toutes ces émotions en tourbillon… La dernière chose dont j'avais besoin, c'était de me replonger dans ma tristesse. De toute façon, j'avais développé une aversion aiguë envers les histoires de drames, de deuils, de maladies. Fallait que je sorte de là.

L'impression qu'il me reste de cette période est celle d'avoir pesé lourdement sur l'accélérateur et baissé le toit de la décapotable pour crier à pleins poumons et parcourir le dernier bout de chemin le plus vite possible. Pas tout à fait en contrôle, incertaine de la destination, pas familière avec le bolide et pas mal hésitante quant à la route à suivre. J'étais par contre guidée par la conviction inébranlable que c'était la seule chose censée à faire.

Pour en rajouter, il fallait bien que je rencontre quelqu'un et que je tombe éperdument amoureuse! La cerise sur le *sundae* de la folie des changements. J'imagine que ça va dans le sens de la perte de contrôle, tout ça. Heureusement, Jean-Martin, que j'ai rencontré sur le plateau du *Défi des Champions*, est l'une des personnes les plus calmes et posées que j'aie croisées dans ma vie. Même si je ne sais pas trop où tout ça va mener, il est l'élément apaisant de mon existence pendant ce printemps de fous. Puis, tomber en amour, ça donne des ailes.

Il sait que je quitte *Salut Bonjour!*, pense que c'est une bonne décision. Évidemment, il n'aura pas à vivre avec un fantôme onze mois par an! Je me dis que c'est une bonne chose, de faire la connaissance de quelqu'un avec qui le potentiel de bonheur est palpable à un moment stratégique de ma vie où je vais être en mesure d'entretenir adéquatement une relation. Avec un peu de chance, du courage et quelques bonnes décisions, la prochaine étape professionnelle sera plus douce et plus équilibrée, et elle laissera plus de place aux contacts humains.

Mais tout ça est tellement incertain. La relation est toute neuve. Est-ce que ça va durer? Est-ce que je suis dans un bon état psychologique pour m'installer dans un couple si tôt après l'effritement de l'autre et après tous les bouleversements qui ont suivi? Théoriquement, non. Mais qu'est-ce que j'ai à perdre d'essayer? Même si ma tête est assaillie de doutes et de craintes, c'est mon cœur qui a pris les commandes de ma vie, et lui au moins, il a le mérite d'être clair. Alors *GO*! On appuie sur l'accélérateur. Je gérerai les conséquences plus tard.

— As-tu le goût d'un sandwich à la villa ou on mange des fruits de mer au resto? On reste à la plage ou bien on va à la piscine après? me demande à nouveau mon amie.

J'ouvre les yeux pour la première fois depuis une bonne heure. Il y a une longue période de transition, ici, entre ne rien faire et s'activer. Il faut prendre le temps d'y penser, ensuite il y a un décalage entre l'idée de bouger et le moment où les muscles se contractent. Piscine ou plage? Voilà une excellente question.

Tout est au R-A-L-E-N-T-I-I-I-I…

— C'est comme tu veux, Sophie, c'est ton voyage. Moi je suis ici depuis six semaines. Je m'adapte, lui dis-je en guise de réponse.

En fait, depuis six semaines je me laisse voguer avec comme seule préoccupation mes petits tracas de touriste en Europe.

Au mois de mai, alors que nous nous fréquentions depuis à peine quelques semaines, la fameuse question est arrivée. Une relation naissante supporte mal l'éloignement. Trois mois au Portugal? Pourquoi pas! *Orpheline* sort en librairie seulement en novembre, je n'ai eu aucune offre de travail pour le moment. Je pars de *Salut Bonjour!* dans quelques semaines, l'annonce a été faite aux collègues et aux médias. Je viens de gagner un sixième trophée Artis. Je pars donc sur une bonne note, comme je l'avais souhaité. Pourquoi pas des vacances au Portugal? J'ai juste un billet d'avion à payer et les frais de ma maison à Montréal à assumer, ce que je ferais de toute façon. Trois mois de transition pour faire le point, me réorienter, me ressourcer, voir de quel bois se chauffe ma nouvelle relation, et puis… il y a la plage et le soleil. Vivre en Europe, c'est un rêve. C'était la décision la plus simple à prendre ces derniers mois. Ma mère avait adoré le Portugal, j'y vois un signe.

— *Pezinhos*, me dit Sophie. J'ai encore le goût de manger des palourdes chez *Pezinhos*.

Le choix est fait, on va s'écraser sur une banquette blanche entre deux draps au vent pour manger des palourdes. On les pêche ici même, à l'aube, alors ça ne peut pas être plus frais. Le Portugal est en crise économique, comme l'ensemble de l'Europe d'ailleurs, alors même avec le taux de change, tout est à prix modique. La saison touristique est terminée, il y a des palourdes à volonté pour les deux paresseuses qui restent collées sur leurs chaises à longueur de journée.

— Ç'a pas de bon sens, vivre comme ça, Marie-Claude. C'est trop facile, c'est pas normal. J'ai le syndrome de l'imposteur à la puissance 1000. C'est comme si j'avais emprunté l'existence de quelqu'un d'autre pour quelques semaines. Il y a du vrai monde qui vit de même ?

— Trop de questions, Sophie. J'ai le cerveau dans le Jell-O depuis des semaines. Je n'en ai aucune espèce d'idée. En ce moment, c'est comme ça. Après, ce sera autre chose. Qui sait ? Il doit bien y avoir des gens pour qui c'est facile ? En tout cas, moi, j'y prends goût.

Le soleil fait briller l'océan, on croirait des pierres précieuses qui dansent à l'horizon. Le vent vient nous rafraîchir juste au bon moment. Le sel que je respire a l'effet d'un puissant nettoyant dans mes poumons. Je suis bien, comme dans un état second d'anesthésie générale. Le petit hamster qui tournait dans ma tête a disparu quelque part entre Lisbonne et Monte Gordo.

— Mais tu te rends compte là ? On est en Europe, à la plage, on couche dans une villa. Une VILLA ! Moi, je n'en reviens pas. Tu as quitté ta *job* de même, comme si de rien n'était. À presque quarante ans, tu as un nouveau *chum* qui t'emmène trois mois au Portugal. C'est quand même incroyable ! On verrait ça dans un film et on se dirait que c'est pas réaliste. Tu devrais être à Montréal en train de capoter à chercher un emploi, à essayer de te démerder avec ta maison, à te demander où tu t'en vas, ce que tu vas faire. Et ton livre ? Tu les laisses aller avec ça, la maison d'édition ? Tu n'as pas de corrections à faire ? Il sort quand, au fait ?

Décidément, mon amie veut en découdre ! Le manuscrit est corrigé, la maison d'édition sait ce qu'il faut faire. Je l'ai écrit, ils vont en faire un livre. La partie qui me concerne est terminée. Mon seul mandat, ici, est d'être la blonde de Jean-Martin. Je marine du poulet quand j'en trouve, je m'enorgueillis de mes vêtements séchés au soleil à la perfection et je rends la villa plus chaleureuse. Et de temps à autre, je prends mon rôle de guide touristique très au sérieux pour les amis qui viennent nous rendre visite.

— Écoute, Sophie, je lâche prise, là. Je ne sais pas ce que je vais faire. Tout ce que je sais, c'est que je ne ferai pas comme avant. Je ne veux plus me perdre dans des horaires de fous. Ça tourne trop vite depuis un bon bout de temps. Ça ne peut pas être ça, la vie. Je veux du temps, de la qualité de vie. J'ai besoin d'être nourrie de temps à autre, au lieu d'avoir l'impression de me vider sans arrêt. Faut que j'apprenne à recevoir au lieu de donner tout le temps. Là, je suis en stage pour le cours « Recevoir 101 ». Les problèmes, l'argent, le travail, ça viendra assez vite à mon retour. Je vendrai ma maison, je dépenserai moins, je trouverai un autre genre de travail. Ce que je veux, c'est vivre, pas survivre. Pour le moment, je ne sais pas comment je vais y arriver. Je mettrai toute mon énergie à trouver une façon. Mais pas maintenant.

On pousse toutes les deux un long soupir, comme pour chasser les fantômes de nos réalités montréalaises.

— T'as ben raison, on est en formation, ici. Comment vivre comme ceux qui l'ont facile. Moi aussi, c'est ça que je veux. On va s'inventer de nouvelles vies. Dans le fond, on est en pause de réorientation.

Trop de verbiage pour la petite Agathe, qui gigote sur son siège de bébé en riant. J'ai rarement vu une petite fille aussi enjouée, allumée et agréable. Ça aussi, ça fait du bien, passer un peu de temps avec un bébé. Ça remet tout en perspective.

Mon amie Sophie, mère de famille monoparentale, a eu beaucoup de courage de débarquer ici, au Portugal, avec un poupon de seize mois. Toute seule dans l'avion avec tous les bagages, la poussette et tout le tralala. Elle s'est séparée de son mari littéralement dans la salle d'accouchement. Auteure, animatrice à VOX, journaliste pigiste et femme d'opinion, son congé de maternité tire à sa fin. Elle aura, elle aussi, à s'adapter à une nouvelle réalité à son retour. Une nouvelle vie qui s'annonce ardue, un divorce qui ne sera pas de tout repos et beaucoup, beaucoup d'organisation en vue.

Mais ici, au *Pezinhos*, sur la plage, sous le soleil, avec les grands draps blancs qui volent au vent, tout ça n'existe pas. Pour le moment, nous sommes deux privilégiées en Europe, et notre seule préoccupation, c'est de savoir combien de plats de palourdes commander. Ici, dans le regard étrange des Portugais qui ne nous connaissent pas, on peut s'inventer n'importe quelle identité, tout est possible.

Mais comment faire pour garder en tout temps cet état d'esprit, ce recul, cette distance, cette ouverture par rapport au stress et aux problèmes ? C'est la question qui me trotte dans la tête depuis mon arrivée. Je vois bien que je ne suis pas la même fille ici. En fait, je suis la même, mais mon cerveau ne fonctionne pas de la même façon. J'ai plein d'idées de choses que je voudrais faire à mon retour, côté travail, et ça semble réalisable vu d'ici. La petite voix plate qui revient me hanter de temps à autre me dit : *Mais t'es en vacances, loin des tracas. T'as la chance de ne pas avoir de stress monétaire pour le moment. Ça peut ben être facile de fonctionner autrement !* Je sais, je sais. À mon retour, ce sera autre chose. Mais il y a quand même une ouverture, une attitude, une façon de fonctionner que j'expérimente ici qui pourrait m'être utile une fois de retour. Ce n'est pas très clair, mais le fait de passer plusieurs mois ici me donne l'impression de modifier mon code intérieur. Comme si le programme de mon ordinateur intégré était en train de se mettre à jour avec de nouvelles composantes.

— En tout cas, ils l'ont l'affaire, les Européens, me dit Sophie.

Les palourdes sont arrivées, on se régale. Garçon! *Vino verde*, s'il vous plaît! Parce que, en Europe, on boit du vin le midi. De toute façon, on pourra le cuver bien étendues jusqu'au début de la soirée. Tout est lent, dans cette partie du globe. Pas de souper avant 21 heures. On se couche tard, on se lève tôt, il y a la sieste l'après-midi. Les enfants jouent dans les rues jusqu'à 22 heures. Les magasins sont fermés l'après-midi, mais ouverts tard le soir. Tout est à l'envers.

C'est ça qui joue avec mon programme interne, je pense. Une longue exposition au chaos, au laisser-aller, à la va-comme-je-te-pousse. Pas très habituée à ça, moi, à Montréal. Tout est toujours réglé au quart de tour, et je n'ai pas le choix, sinon je n'y arriverais pas. J'ai l'impression que chez nous, je porte le sort du monde sur mes épaules.

— En plus, il fait tout le temps beau ici. Nous autres, on gèle, tout est plus difficile. Faut s'emmitoufler, pelleter, chauffer, il y a du trafic, du stress. On se couche épuisées, on se réveille épuisées. Les Portugais, eux, ils ont l'air pas mal relax, me dit Sophie.

Il faut quand même que je fasse le contrepoids…

— C'est sûr qu'il y a le climat, Sophie, mais ce n'est pas toujours rose ici non plus. Ils en arrachent, en Europe, avec la crise économique. Tout est vide, les touristes ne sont pas venus en grand nombre cette année. Il y a beaucoup de pauvreté, le coût de la vie est élevé. Pas certain que j'échangerais mon sort contre le leur.

— Mmmm…

Sophie hoche la tête comme pour me dire que j'ai raison. Peut-être, mais ils sortent quand même, le soir, ça rit, ça joue et, malgré tout, ils ont l'air moins renfrognés que nous autres.

Ça, c'est vrai. Il y a ici un rythme qui est très différent. Parfois, je me dis que c'est parce qu'ils sont plus lents que l'économie va moins bien. Jugement gratuit et typiquement nord-américain. Quand même, si tout n'était pas fermé à longueur de journée, ce serait moins compliqué de dépenser pour faire rouler l'économie. Mais en même temps, il y a quelque chose de formidable à être forcé de s'arrêter et de ne pas tout faire tout de suite. On en fait moins, ici, dans une journée. La structure empêche d'aller vite. La caissière jase avec le client quand il paye. Au début, ça me rendait dingue, je tapais du pied. Je veux aller VITE, MADAME ! Mais pourquoi ? Après six semaines, je hausse les épaules, je regarde autour de moi et je m'habitue. Quand des visiteurs arrivent du Québec, je vois le décalage à répétition. Ça commence par : « Qu'est-ce-qu'on-fait, on-va-où, ça-fonctionne-comment ? » Et : « Je-veux-tout-faire-tout-voir-tout-de-suite. » Après quelques jours, le Portugal déconstruit tout ça et ça devient pas mal plus mollo, plus lent, plus vague. On existe, ici, plus qu'on accomplit.

C'est un litre de ça que je voudrais garder dans mes veines. « Être » plutôt que « faire ». « Exister » plutôt que « besogner ». Il y a une voix à l'intérieur qui me dit : *Mais tu te prends pour qui, toi ? Exister au lieu de besogner… Ben oui, la grande, tu vas vivre de quoi ? Achète-toi une cabane quelque part dans le bois, lance-toi une entreprise de confitures et vis dans l'austérité. Ça ne marche pas de même, la vie !*

Grrrrrrr. CE N'EST PAS ÇA QUE JE VEUX DIRE, MERDE ! Il me semble que je pourrais reprendre les choses sensiblement comme avant, mais avec une autre attitude intérieure, non ? Douceur, facilité. Douceur, facilité. Je me répète ça tous les jours, couchée dans ma chaise. Je veux y arriver, je peux y arriver. Je n'ai pas le choix, de toute façon. Avant de partir, j'ai fait un constat accablant. Je suis devenue allergique à la course effrénée. Pas intolérante, allergique. Il va falloir que je compose avec ça, maintenant, et que je trouve une solution.

— Je pense qu'on devrait aller chercher une bouteille de champagne, pour ce soir. Il faut fêter notre stage de transition. Je te le dis, Marie-Claude, moi, je fais le serment de garder le Portugal dans mon cœur pour toujours. Je veux être une Européenne dans l'âme mais une Québécoise dans ma réalité. *Fuck* la perfection, la performance, le stress ! Je mérite le meilleur, j'aurai le meilleur. Oui, je suis une mère de famille monoparentale avec un bébé et un ex pas facile, mais je vais me refaire une vie qui a du bon sens. Je vais être heureuse coûte que coûte, j'en fais ma priorité, et chaque fois que je vais me décourager, je vais revenir ici au *Pezinhos*, dans ma tête. Ici, je suis la fille que je veux être. C'est possible, je le sens.

Chère Sophie, c'est pour ça que je l'aime. Une incurable optimiste, une guerrière du bonheur. C'est une incroyable force de la nature, cette fille-là.

Quelques soirées bien arrosées et plusieurs discussions mémorables plus tard, elle rentre à Montréal.

Il me reste encore quatre semaines au Portugal, et il n'y aura plus de visiteurs jusqu'à la fin du séjour, à la mi-novembre. Jean-Martin a une seule journée de congé par semaine, alors ça me laisse beaucoup de temps de solitude. Ça me fait tellement de bien! Tout ce temps, cette lenteur, cet espace, cette liberté. C'est un autre mode de vie. Pas de dépenses, pas de consommation, pas de trafic, pas de pression au quotidien. Je ne me souviens pas d'avoir eu des moments de paix aussi intenses et prolongés dans ma vie. Je remercie le ciel, mes parents et mon nouveau *chum* tous les jours pour l'immense cadeau. Loin de tout, pour la première fois de ma vie je me sens vraiment choyée. Pas choyée dans le matériel, les apparences ou l'accomplissement. Choyée que mon cœur batte tous les jours, que j'aie la chance d'être simplement témoin de la beauté d'un paysage, d'un moment de bonté, d'un ciel magnifique, de la vie dans un pays différent du mien.

Tous les soirs, je me connecte à Internet, debout à côté du BBQ, et je réponds à mes courriels d'une seule main. Il y en a eu pas mal au début du séjour, puis on dirait que tout le monde m'a oubliée pendant plusieurs semaines, et là, à la fin d'octobre, ça reprend de plus belle.

Orpheline sera lancé à la mi-novembre, à temps pour le Salon du livre de Montréal. Il y aura une tournée médiatique qui accompagnera le lancement. Je n'ai donc pas encore à faire face au vide laissé par la fin de *Salut Bonjour!* Il sera rempli à craquer au moins jusqu'en février. Après, il y aura des conférences, et au printemps, ce sera le temps de faire la tournée des diffuseurs et des maisons de production pour me dénicher un emploi en télé pour l'automne prochain.

Jean-Martin et moi allons officiellement emménager ensemble au retour. Le voyage nous a montré qu'on fonctionne bien ensemble au quotidien. On s'aime toujours aussi éperdument. À la mi-octobre, on a souligné nos six mois de relation. Ce n'est pas très long, mais c'est un petit bout de chemin, un peu comme le voyage qui se termine. Un petit bout de cheminement par l'expérimentation d'une autre réalité.

Dring, dring!

Mon cellulaire européen sonne. Il n'a pas bronché depuis le départ de nos visiteurs, il y a deux semaines.

— Marie-Claude?

C'est Sonia, ma nouvelle agente, avec qui j'ai signé un contrat de représentation avant de partir en Europe. Disons que je n'ai pas été sa cliente la plus accaparante, ces derniers mois!

— Désolée de te déranger, je sais que tu reviens seulement dans deux semaines. Ça va bien là-bas?

Je la sens pressée, pas le temps de lui déballer les détails de mon «stage de transition».

— Oui, oui. Il commence à faire un peu plus froid. L'automne s'installe, ici. Il a plu quelques fois. Je sens que ça tire à sa fin. Nous avons eu un merveilleux voyage, lui dis-je.

— Super! Écoute, ça brasse pas mal, ici, avec les relations de presse entourant la sortie du livre.

Prépare-toi à être occupée. Là, je dois te demander si tu peux rentrer une semaine plus tôt. Guy A. Lepage aimerait te recevoir à *Tout le monde en parle*, et la seule date de tournage possible est le 4 novembre. C'est la semaine prochaine. Est-ce que tu penses que c'est possible ?

— *Tout le monde en parle! Wow!* C'est certain, que je vais m'arranger pour devancer mon retour. Pas de problème, Sonia. Je réserve un billet d'avion, je te donne les détails par courriel d'ici demain et, à moins d'un pépin majeur, tu peux compter sur moi pour le 4 novembre.

La connexion est mauvaise, on raccroche un peu à la va-vite. *Tout le monde en parle!* J'avais refusé d'y aller il y a deux ans, après avoir fait pleurer tout le Québec en acceptant un trophée Artis quelques jours après le décès de ma mère. Je lui avais dédié le trophée en larmes et j'avais l'impression que si j'allais à *Tout le monde en parle* le dimanche suivant, j'allais encore pleurer ma mère à la télévision. Je viens d'une bonne famille judéo-chrétienne, on ne s'épanche pas trop souvent en public. De toute façon, c'était compliqué à dédouaner, avec mon employeur. Je ne voulais pas devenir la fille-qui-pleure-le-dimanche-soir-à-la-télé.

Mais là, pour parler d'un livre que j'ai écrit, c'est autre chose. Ça me rappelle que j'ai signé un manuscrit qui est maintenant un ouvrage bientôt dans les rayons des libraires. Je n'y ai pas pensé pendant trois mois, je ne l'ai même pas encore vu, je ne l'ai pas encore tenu dans mes mains.

Retour à Montréal, donc, dans quelques jours, plateaux de télé, lancement, Salon du livre à venir.

Ça semble tellement surréaliste. En même temps, c'est l'*fun*. Je suis chanceuse d'avoir un autre projet après la fin de *Salut Bonjour!* Ça sera une belle transition, avec toutes les bonnes résolutions de vie que je viens de prendre, et ma relation qui va bien.

Je suis loin de me douter que, vingt-quatre mois plus tard jour pour jour, je serai couchée dans une fournaise, la marge de crédit étirée au maximum, à chanter au son du tambour.

En attendant, je dois vider ma corde à linge.

Deuxième partie

«Un homme sage prend ses propres décisions,
un homme ignorant suit l'opinion publique.»

Proverbe chinois

Automne 2012, Montréal

HÉLÈNE NOËL J'ai lu Orpheline. Or TOUT
LE MONDE perd ses parents et je trouve
qu'elle en a simplement trop parlé. Elle parle
toujours de ses épreuves, de ses dépressions,
de ses bibittes. Elle a perdu tout son jugement
depuis son départ de Salut Bonjour on dirait.
Avant ça elle était très différente, intègre
et avait une image saine. Je me demande
qui sont les personnes qui la conseillent.

ÉMILIE BÉDARD Est-ce que tu animes ton
émission du matin sous l'effet de l'alcool? Rires
nerveux quand ce n'est pas drôle. Expressions et
cris exagérés. Est-ce que ça va? Tu n'es vraiment
plus la même là. Qu'est-ce qui se passe chez toi?

MANON ST-LAURENT Moi je m'ennuie de la
Marie du temps de Salut Bonjour. Depuis ton livre
t'as changé en pire. Retour à l'ancienne Marie SVP.

Tous les jours depuis six mois, je trouve le même genre de commentaires sur ma page Facebook. Mon départ de *Salut Bonjour!* a vraiment dérangé beaucoup de monde. Oui, c'est vrai, je reçois aussi beaucoup de beaux messages de lecteurs d'*Orpheline* qui ont aimé le livre et qui tiennent à me le dire, mais les réseaux sociaux, c'est surtout l'affaire de gens qui sont de mauvaise humeur. Sur ma page publique, ces temps-ci, en tout cas.

Avant, dans le confort de mon poste permanent, je ne me souciais pas vraiment de tout ça. Mais les temps ont changé! Une personnalité publique se doit maintenant d'entretenir ses réseaux sociaux. À compétences égales, pour un poste d'animation, les producteurs et les diffuseurs regardent le nombre de mentions «J'aime», le nombre d'abonnés, la portée totale des publications, ce qu'on appelle maintenant un Klout, cette mesure statistique de l'impact des individus et des organismes sur les réseaux sociaux.

Mes nouveaux employeurs, à V télé, où j'anime l'émission matinale *MCBG*, sont très préoccupés par le Klout de leurs têtes d'affiche. C'est stipulé dans mon contrat, au moins un statut Facebook et une mention Twitter par jour pour la durée de l'engagement. Pour la promotion de l'émission, bien sûr.

Alors voilà. Même si je voulais m'épargner l'opinion de tout un chacun, je manquerais à mon devoir. La nature humaine étant ce qu'elle est, on retient toujours davantage le négatif que le positif.

L'émission du matin dont parle Émilie Bédard dans son commentaire s'appelle MC pour

Marie-Claude, BG pour Benoît Gagnon. Deux rescapés de *Salut Bonjour!* dans une case horaire en matinée, en même temps que la dernière demi-heure de… *Salut Bonjour!* Pas une mauvaise idée en soi. Le concept de l'émission est simple, un magazine touche à tout. Un mandat rempli de contraintes dans un contexte économique de plus en plus difficile pour les médias traditionnels, mais fort agréable, somme toute. Benoît et moi, on se connaît bien, professionnellement, et puis ça me permet de toucher à une variété de sujets, d'animer un autre type d'émission. J'y trouve mon compte, et l'équipe est fantastique. Nous sommes diffusés sur les ondes de V, une chaîne généraliste qui se veut plus jeune et dans le vent. Un bon compromis de transition, et peut-être même quelque chose qui a un potentiel à plus long terme.

On verra bien.

— Mais qu'est-ce que tu veux faire, vraiment? Du sport, pas de sport, des entrevues, de la radio, de la télé? me demande mon agente de temps à autre. C'est quoi, ton objectif de réorientation, exactement?

Rien n'est clair pour le moment. Je me diversifie, depuis la publication de mon livre et les conférences qui viennent avec, mais en même temps je ne sais pas trop où me brancher à plus long terme.

C'est étrange, parce que le livre a eu un succès foudroyant et inattendu. Nous en sommes déjà à la troisième réimpression, ce qui est assez rare dans le domaine littéraire au Québec. La file d'attente pour une signature au Salon du livre s'étendait à perte de vue. Toutes les rencontres ont été extraordinaires.

J'ai adoré prendre le temps de signer pour les lectrices et les lectrices.

Ç'a eu l'effet d'une surprise, dans mon milieu. Les attentes étaient modestes, pour mon premier livre. Il y a encore des collègues qui me demandent qui l'a vraiment écrit. « C'est qui, ton fantôme ? » me demande-t-on de temps à autre. Je l'ai écrit toute seule chez moi. On dirait que mes collègues ont peine à y croire. Des fois, je me dis : *Coudon, j'ai l'air d'une nunuche à ce point ?*

Mais peu importe ce que les snobs peuvent bien penser, on est sur le point d'en vendre 30 000 et en route vers des ventes de 55 000. Un immense succès que je n'arrive tout simplement pas à intégrer. J'ai l'impression que cette partie-là de ma vie arrive à quelqu'un d'autre. Pourtant, j'en profite, et ça me permet de rencontrer plein de gens sur le circuit des conférences et de bien gagner ma vie, pour le moment. Mais je développe en quelque sorte une double personnalité. Ça va bien pour l'auteure, mais l'animatrice, elle, ne sait pas où se brancher. Comme je suis d'abord et avant tout animatrice, dans ma tête, et que je doute que je sois capable d'écrire un autre livre un jour, je me dis que ce bout du succès, aussi extraordinaire soit-il, n'est que temporaire et isolé.

Côté télé, je pensais pouvoir continuer à faire du sport d'une autre manière, en animant des émissions de contenu, de grandes entrevues, des documentaires. J'hésitais simplement à retomber dans les horaires de fous, la quête des cotes d'écoute à tout prix, la performance sans répit, le tourbillon, la course folle. J'étais craintive à l'idée de redonner le contrôle total de mon existence à un réseau, à une salle des nouvelles, à une institution, à un patron. Je voulais être pigiste, produire des contenus de manière indépendante.

Dans le fond, je n'avais pas besoin de tergiverser ou d'imaginer une structure de travail, puisque de toute façon, j'avais déjà perdu ma place à mon retour du Portugal. Les rencontres, les discussions n'ont jamais abouti. « On n'est pas intéressés à faire affaire avec des pigistes, on veut l'exclusivité. On n'a pas d'intérêt pour le genre de projets que tu proposes. »

La compétition ne voulait pas non plus d'une tête d'affiche du clan ennemi. En prenant ma destinée en main, je m'étais tout simplement sortie du jeu.

Dans le sport, en tout cas.

« Des filles comme toi, il y en aura d'autres. Nous, on veut quelqu'un qui embarque à fond, qui donne son 110 %, qui ne compte pas ses heures, qui priorise d'abord et avant tout sa carrière. »

Alors le sport, c'est sûr, on oublie ça pour le moment. De toute façon, je l'avais annoncé clairement avant même mon départ de *Salut Bonjour!* Mon objectif était d'ouvrir mes horizons. Tout ce que je tentais de faire, c'était m'ouvrir des portes. J'en ai plutôt fermé une malgré moi.

— Mais je peux faire autre chose, quand même ? Huit ans dans une boîte, ça doit bien établir une relation de confiance…

— Si tu ne veux pas faire du sport tel qu'on le souhaite, pourquoi on t'offrirait autre chose ?

J'ai donc passé le printemps 2012 à multiplier les auditions pour des émissions où on cherchait de nouveaux animateurs à l'antenne de la chaîne où les gens étaient habitués de me voir. Chaque fois, la réponse était : « Malheureusement, ce n'est pas ce qu'on cherche. Tu es encore trop identifiée au sport. On veut quelqu'un de différent, plus jeune, plus expérimenté, plus d'opinion, plus enthousiaste, moins enthousiaste, plus grande, plus petite, qui ne s'appelle pas Marie-Claude. »

Pas moi, finalement.

Bon.

— C'est de la *business*, tout ça, Marie-Claude. Rien de personnel, me répète mon *chum*. Tu as vécu une grande sécurité pendant des années, là, tu t'es volontairement mise sur le marché des agents libres, il faut que tu prennes l'insécurité qui vient avec ton choix. Le *casting*, c'est compliqué. Il y a le producteur, le diffuseur, l'équipe, tout le monde a son mot à dire. Ils avaient autre chose en tête. Ça n'a rien à voir avec toi, je te jure. Tu vas finir par trouver, mais là tu entres dans la réalité des pigistes. Il y a des hauts et des bas, faut que tu te vendes, que tu développes tes projets. C'est parfois ben l'*fun*, mais à d'autres moments c'est très difficile. Tu voulais la liberté, c'est le prix à payer. Tu commences à peine, décourage-toi pas trop vite. Les gens t'ont vue faire une seule chose depuis huit ans. Ça va prendre un moment avant qu'ils pensent à toi pour d'autres projets, dit-il avec patience et douceur.

La sagesse incarnée, mon *chum*. Il connaît son domaine ; il en fait, lui aussi, des *castings*, des choix. Il est à la fois décideur et pigiste. Le meilleur allié, soutien et conseiller que je puisse avoir. Mais des fois, je lui sauterais à la gorge. J'ai le goût de lui crier à tue-tête : MAIS JE VOULAIS PLUS DE FACILITÉ, pas des claques dans la face à répétition. T'AURAIS PAS PU M'AVERTIR ? En fait, je déverse souvent mon fiel sur lui parce qu'il fait partie de cette race de producteurs qui choisissent les animateurs. Je voudrais qu'il me donne la recette, qu'il me dise quoi faire pour que ça marche. La frontière entre le *chum* et le collègue n'est pas toujours claire, quand je vis des émotions. Comme sa carrière à lui va bien, inconsciemment, j'ai l'impression qu'il ne comprend pas ce que je vis, et ses conseils, aussi éclairés et pondérés soient-ils, me tombent sur les nerfs.

Quand je me calme, je réalise que, dans le fond, j'ai eu une relation de travail mutuellement bénéfique pendant plusieurs années. J'en ai profité pleinement. À ce moment précis, pour mille et une raisons, je n'ai plus ma place dans l'équation.

« Rien de personnel. »

La voix de mon *chum* résonne en écho dans ma tête.

Me voilà donc libre comme l'air, tout derrière, rien devant. Pigiste pour la première fois de ma vie. J'ai été chanceuse, côté embauche stable. Ça m'a permis de me bâtir un fonds de pension, une sécurité. Ça fait aussi de moi une extraterrestre dans mon milieu. Je ne sais pas comment concevoir un projet de télé, faire des présentations, me vendre auprès des employeurs. Je n'ai pas non plus beaucoup de contacts extérieurs.

À quarante ans, je recommence donc littéralement à zéro. Ma crédibilité, ma réputation, mon talent ne valent pas grand-chose à l'extérieur du monde du sport.

Tout est à bâtir.

À commencer par mon Klout, sur les réseaux sociaux.

CAROLINE SIMARD Marie j'ai regardé l'émission ce soir et ton visage est tellement étrange que j'arrivais pas à me concentrer sur tes mots. Faut que tu cesses le botox et les chirurgies parce que ça n'a pas de bon sens là. Il faut que tu prennes mieux soin de toi car tu vas le regretter bientôt.

MARTHE GRAVELINE J'ai remarqué la même chose. Pas naturel du tout selon moi.

MANON ST-LAURENT Oui. Le haut du visage est complètement figé et le bas descend et est comme déformé. Le botox crée des relâchements des muscles comme le bas des joues de ses joues qui commencent à s'affaisser. Des fossettes se creusent aussi à des endroits où c'est pas normal. On le voit parfois en clinique chez ceux qui sont addict.

CAROLINE SIMARD Je ne connais pas les effets mais à vouloir rester jeune, on se scrappe le visage comme on dit. Le pire c'est que ça paraît tellement que ça trompe personne. J'imagine qu'en vrai ça doit être encore pire qu'à la TV. Entéka.

— Est-ce que ma face a changé, tu penses ?
Mon *chum* me lance un regard incré-
dule. Il essaie de rester concentré sur le golf. Il n'a
pas beaucoup de congés, ces temps-ci. Il fait des
allers et retours entre Montréal et la Californie,
où se déroule présentement la neuvième saison
d'*Occupation Double*. Entre les tournages et la post-
production, il a en plein les bras.

Pour moi non plus le repos n'est pas monnaie
courante. Après le printemps difficile de refus, de
rejets, d'auditions qui n'aboutissent pas, j'ai finalement reçu deux offres simultanées. *MCBG* et le
retour à la maison sur les ondes de la nouvelle
Radio X, à Montréal. Pas nécessairement ce à quoi
je rêvais dans ma chaise longue au Portugal, mais
après les déchirements du printemps, je me compte
chanceuse d'avoir du boulot pour l'automne.

J'ai totalement oblitéré la résolution de ralentir.
C'est bien facile de se faire des résolutions dans l'ab-
solu, mais la réalité est une autre paire de manches.

— Est-ce que tu trouves que j'ai changé de face ?
Je répète ma question à Jean-Martin, qui affiche
maintenant un air inquiet.

— Chérie, je t'en prie, arrête de lire les commentaires sur ta page Facebook, me répond-il d'un air un peu exaspéré.

Mon *chum* est un excellent joueur de poker qui devine souvent la main de ses adversaires. Faire semblant de lui poser une question anodine est impossible. Il me devine encore mieux que ses copains de cartes.

— OK, oui. Mais est-ce que mon menton bouge croche, est-ce que mon front est gelé ? As-tu remarqué de nouvelles fossettes ?

Je lui parle, miroir grossissant à la main, en train de faire des grimaces et des sons étranges.

Qu'on se le dise, j'ai déjà avoué à une journaliste que j'avais essayé les soins esthétiques sous forme d'injections.

« Mais pourquoi t'as parlé de ça, veux-tu ben me dire ? m'avait demandé une collègue animatrice, elle aussi très « reposée » à l'époque. Personne ne s'en serait rendu compte si tu ne l'avais pas dit, et c'est très mal vu au Québec de faire des injections. Moi j'en parlerais plus à ta place. »

Bon d'accord, je le saurai pour la prochaine fois. Mais en ce moment, je suis au naturel, alors le visage tout croche, déformé et pas d'allure, c'est tout simplement ma face. On a beau dire qu'on se fout de ce que les autres pensent, quand on les lit et relit, ça dérange quand même.

— Je pense que les gens ne te reconnaissent plus depuis que tu n'es plus dans leur télé tous les matins, et ça les fâche. C'est ça que je pense. Ça n'a rien à voir avec ton menton, ton front ou tes cheveux. Tu es en transition de carrière, et ça dérange, me répond mon *chum* pour la énième fois.

Évidemment, Jean-Martin ne m'a pas connue beaucoup pendant la période de *Salut Bonjour!* Pendant que ma mère était malade, je mangeais mal, j'avais pris un peu de poids. J'avais plus de joues. Mes cheveux étaient plus roux. Maintenant, j'ai des cheveux blancs, alors je dois me teindre les cheveux, et ils sont un peu plus bruns. Il y a un an, je me suis coupé une frange, ça aussi ça change un visage. Mais ça n'explique pas les fossettes, le menton, le visage déformé et surtout la virulence des commentaires que j'encaisse comme des attaques personnelles.

Je trouve que le changement a le dos large, ces temps-ci, et on n'en est pas à la première discussion du genre. Depuis le début de l'automne, nous vivons des tensions. Je suis perdue dans mon virage de « je-veux-vivre-autrement-simplement-arrêter-de-courir-tout-le-temps, bla bla bla ». J'avance totalement sans repères. Aucune espèce d'idée de la façon de faire pour appliquer ça dans la réalité. Je suis en déséquilibre, donc tout ce qui passe m'affecte. Les commentaires, les réactions, les opinions… Et j'ai de la difficulté à prendre du recul.

Jean-Martin, lui, vit son lot de tracas au travail. La neuvième saison d'*Occupation Double*, en Californie, amène des défis de taille. Nous sommes éloignés, par moments. Ça ne favorise pas la communication. On a chacun nos frustrations. J'ai l'impression qu'il ne me soutient pas assez, il a l'impression que je ne fais pas la part des choses, que j'exagère, et surtout que je n'ai pas toujours la patience d'attendre le moment propice pour vider mon sac. Quand il se trouve dans le *crunch* d'une production, pour lui ce n'est pas le moment d'entamer de grandes discussions qui durent des heures. Moi, je me dis : *T'es ben chanceux d'avoir une bonne production à gérer, alors tu vas prendre le temps qu'il faut pour m'écouter !*

— C'est comme une crise d'adolescence, ton affaire, philosophe souvent Sophie. Tu te définis plus contre un concept que pour un autre.

— Tout ça, c'est du chinois pour moi, lui dis-je d'un ton découragé.

— C'est pas grave. Regarde, tes affaires vont bien, tu vends des livres, tu travailles tous les jours à la télé, tu animes un retour à la maison dans une nouvelle station de radio. Tu bosses pour plusieurs entreprises différentes, t'es dans le jus, tu tourbillonnes. Tu vas finir par trouver ton équilibre. Je t'écoute depuis plusieurs semaines et tu n'es pas toujours très claire. D'un côté, tu es à bout de nerfs du stress de deux émissions quotidiennes en direct, de l'autre, tu te soucies énormément de ce que les autres pensent et tu te mets beaucoup de pression quant à ton avenir. On dirait que t'as peur de manquer ton coup. Relaxe. Priorise, mets tes énergies à la bonne place, tu seras moins énervée. Tu commences à peine à faire un virage de carrière, donne-toi une chance, me répète Sophie avec patience.

Elle aussi est dans le jus. Elle travaille à la même station de radio que moi, se cherche des gardiennes pour pouvoir sortir le soir, de temps à autre. Agathe va maintenant à la garderie et passe du temps avec son père. Le divorce est sur le point d'être bouclé. Ç'a été plus difficile que prévu, mais ça a permis à Sophie d'écrire elle aussi un roman coup de poing, un vrai *thriller* amoureux.

Ça va mieux.

— Tu sais quoi ? Dans le fond, ce que je te dis, c'est que j'ai l'impression de faire exactement comme avant, mais en pire. Je ne le vois pas vraiment, mon virage de carrière. C'est vrai que je me lève plus à 3 heures du matin. Par contre, je travaille quatorze heures par jour, pis tout le monde est en maudit après moi.

— C'est ça qui te stresse, les réactions des gens ?

— Peut-être. Oui. Pis non. Disons que je m'attendais pas à passer de héros à zéro aussi rapidement. Je le sais pas, Sophie. Je le sais plus. Je suis toute mélangée.

Sophie me regarde d'un air bienveillant, comme celui d'un parent qui regarde son ado en se disant que ce n'est pas facile de se chercher, mais que ça va se placer.

Je pousse un long soupir.

Au moins, je n'ai pas d'acné comme dans ma vraie adolescence. Facebook s'enflammerait à coup sûr !

Par contre, ma crise de milieu de vie me permet de rencontrer des gens extraordinaires que je n'aurais jamais fréquentés dans mon ancienne vie.

À la radio, je côtoie Jean-Charles Lajoie. Personnage culte de l'univers du sport avec qui je n'avais jamais travaillé avant. Un libre penseur marginal, original, qui a toujours un point de vue différent des autres. Un personnage haut en couleur pour qui j'ai eu un coup de foudre professionnel. Lui aussi a débarqué du train, pour toutes sortes de raisons, un libre penseur, ça dérange beaucoup. On se comprend.

On est un beau groupe de naufragés, Jean-Charles, moi et toute la *gang* de joyeux lurons qui ont pris le pari d'une nouvelle Radio X parlée à Montréal. Un pari audacieux, vu la réputation de la station sœur à Québec. Tous les jeudis soir, on sort, et souvent j'invite ma *gang* de télé aussi, et tout au long de l'automne je me sens portée par un vent de fraîcheur. Je n'ai peut-être pas trouvé mon chemin, mais je rencontre des gens qui m'ouvrent la porte à plein de possibilités. Ces soirées de fête me font du bien. On parle fort, on mange, on discute, on refait le monde, on l'échappe solide. Là, je reconnais un peu la fille qui a fait sa virée en Europe. Je me sens nourrie et habitée, ces soirs-là. J'ai beau m'être enfermée dans un carcan par peur et par obligation, je suis quand même un peu plus maître de ma destinée.

Je suis sous contrat, donc, théoriquement, j'ai mon mot à dire sur ce que je fais, sur ce que je dis. Théoriquement. Il faut juste que je déprogramme ma tête de ma crainte de manquer mon coup, de ne plus avoir de travail, pour assumer le fait que je peux y mettre mon grain de sel et consacrer ma créativité à mes projets.

Pour le moment, je n'ose pas encore. Mon insécurité et la crainte du regard des autres me gardent dans une cage.

— On vit dans un monde de fous, mon petit cœur, me dit souvent Jean-Charles. On travaille comme des singes, on nous dit quoi manger, quoi penser, on a plus le temps de se gratter la poche en paix, c'est la détresse partout. Je te le dis, collectivement, on fonce dans le mur. Faut s'émanciper et cultiver l'indépendance. Toi, t'es en sevrage de ton ancienne vie. Dis-toi que tu as choisi de décrocher par toi-même, c'est déjà une grande victoire. Au diable les bien-pensants!

Salute!

Au diable les bien-pensants!

Garçon! Une autre bouteille de pinot noir!

« Au fait, les amis, je voulais vous demander… Trouvez-vous que ma face est en train de changer? »

CHANTAL BILODEAU

Bonjour Marie-Claude, je lis ton livre présentement et je revis plein de choses et comme toi je me demande toujours qu'est-ce que je dois apprendre et retenir dans tout ça. Tu m'as touchée avec ton livre et reste fidèle à toi-même.

SUZANNE MORIN

Bravo pour ton émission et merci pour tout et profite de tes vacances.

NANCY GOSSELIN

Je vais m'ennuyer de vous autres je vous écoutais le soir ou tôt le matin avant d'aller travailler j'aimais vraiment cette émission.

LISETTE WISEMAN

On va s'ennuyer! Surtout de ton rire, Marie-Claude! Bon été à vous deux!

NATHALIE LAMBERT

Pourquoi c'est toujours les bonnes émissions qui partent? J'en aurais enlevé d'autres avant la vôtre. Bon été quand même à vous et toute votre équipe!

Printemps 2013, Vancouver

J e suis dans une chambre d'hôtel, il pleut à «siaux»,
un printemps de canards, une humidité qui vient
nous pénétrer jusque dans les os. Mon oncle René,
le frère aîné de ma mère, est décédé. On lui avait
diagnostiqué une tumeur au cerveau, il y a quelques
mois. Il vivait seul sur la côte Ouest depuis vingt-
cinq ans, pas d'épouse, pas d'enfants. Beaucoup
d'amis, un travail stable, une multitude de loisirs
aussi, mais pas de famille autour. Il avait noté mon
nom comme contact en cas d'urgence. On se parlait de temps à autre au téléphone depuis plusieurs
années. Je l'ai bien connu lorsque j'étais enfant,
puisque nous habitions ensemble chez ma grand-
mère. Mais tout ça est très lointain. Je l'aime mon
oncle, mais je ne le connaissais pas beaucoup.

Son plus jeune frère, François, est lui aussi venu
de Montréal. Ensemble, nous devons prendre
des décisions, faire le bilan d'une vie, «gérer un
ménage», comme on dit en bon français. Beaucoup de rencontres en quelques jours parce que je
ne peux pas me permettre de me faire remplacer
trop longtemps. Lui non plus. Et les allers-retours
Montréal-Vancouver commencent à nous peser.

Je lis les messages sur ma page Facebook pour me changer les idées.

Peu après les fêtes, j'ai quitté mon poste d'animatrice à Radio X. L'atmosphère de travail était devenue difficile, beaucoup de luttes internes dans la haute direction, de divergences d'opinions quant à la marche à suivre. Les cotes d'écoute n'étaient pas au rendez-vous. C'était devenu très lourd vers la fin de l'automne, et pour en rajouter la direction souhaitait défaire le noyau de l'équipe du retour à la maison. Je souhaitais poursuivre tel quel avec Jean-Charles, je ne me sentais pas prête à prendre seule les commandes d'une émission de radio en direct.

Plus froidement, lancer une carrière solo dans un tel contexte, c'est loin d'être idéal. Même si la tentation était grande de sauter sur l'occasion, ne sachant pas trop si elle se présenterait à nouveau un jour, il y a des moments où il est préférable de tirer sa révérence. Je pense que je savais depuis le début que ce serait un passage rapide, un apprentissage en accéléré. Après plusieurs discussions avec mon agente, nous en arrivons à la conclusion que ça valait la peine de tenter l'expérience en août dernier, mais qu'en février ce n'est plus le bon endroit pour moi.

Je remets donc ma démission au début du mois pour écouler la clause de non-concurrence et être légalement en mesure de me trouver autre chose en radio pour l'été. J'offre de terminer la saison en duo avec Jean-Charles tel que stipulé dans mon contrat. On me suggère finalement de partir à la fin de février, et s'ensuit un grand ménage à la station.

Ma copine Sophie aussi doit mettre une croix sur son embauche. Terminée, donc, l'aventure de la

Radio X. Pour nous deux. J'en garde une solide expérience de radio parlée et des amitiés qui vont durer.

Reste la télé et *MCBG*. Nous avons changé de case horaire au retour des Fêtes, et ça, ce n'est jamais bon signe. De 11 heures à midi depuis septembre, nous voilà maintenant diffusés en direct de 9 heures à 10 heures le matin contre les gros canons de la compétition. Plus difficile de dénicher des invités, à ces heures de la matinée. Trois mois pour installer une nouvelle habitude d'écoute, c'est très peu, et recommencer à zéro avec trois autres mois pour faire ses preuves, ça met beaucoup de pression.

Mon coanimateur vient de divorcer, il est donc papa célibataire une semaine sur deux, et il habite la Rive-Sud. Aller reconduire les enfants et arriver préparé en ondes à 9 heures, c'est toute une gymnastique. Nous avions tous les deux accepté un poste en fin d'avant-midi, on n'avait pas considéré le matin. Les enjeux ne sont pas les mêmes.

Il faut faire avec, comme on dit, et c'est ce qu'on faisait depuis plusieurs semaines. Juste avant mon départ pour Vancouver, nous attendions le verdict du réseau pour savoir s'il y aurait une deuxième saison de *MCBG*. L'émission s'était beaucoup améliorée, les cotes d'écoute oscillaient dans la zone respectable. Malgré tout, l'espoir était mince, mais on avait choisi d'y croire.

Puis tout à l'heure, alors que je bravais la pluie pour aller me chercher un café, ding!, un texto sur mon écran de téléphone.

Mon producteur : MCBG PAS RENOU-VELÉE. SAISON QUI SE TERMINE LE 28 MAI.

Voilà. Décision prise.

Le diffuseur annule toute sa programmation de jour, *MCBG* et le reste des émissions. Manque de budget, décision économique. C'est ce qu'on peut lire dans les blogues des chroniqueurs télé.

« OK, MERCI. »

Message envoyé.

Que dire de plus ?

Mes premiers mois de pigiste m'ont endurcie. J'ai une bonne couche de corne partout dans le cerveau. Ou une carapace, c'est peut-être plus joli. Mais honnêtement, ça ressemble plus à de la corne de pied, mon affaire. La dose de jeux de coulisses, à la radio, a réveillé mon côté un peu cynique. Ce n'est que de la *business*, tout ça. J'évolue dans le monde des affaires et je vends un produit de consommation. Je l'adapte aux aléas du marché, je développe une niche, je l'exploite, et quand ça ne fait plus je m'en vais ailleurs. Mon univers se quantifie en parts de marché bien plus qu'en créativité. J'aime quand même mon travail, énormément même, mais j'ai l'impression de le vivre un peu comme dans la grisaille de Vancouver. On expose toujours une grande partie de soi quand on anime une émission, alors je me protège, de peur d'être déçue.

Comme je l'avais tant souhaité au Portugal, il y a maintenant une grande distance entre la personne que je suis et le travail que j'accomplis. Ce que je n'avais pas vu venir, c'est que c'est plus par crainte que par équilibre.

« Rien de personnel », comme me dit mon *chum*. Alors je n'investis plus trop de ma personne. Ce serait trop risqué, ça ferait trop mal.

MCBG ne revient pas ?

OK.

Mais dans le fond, j'ai de la peine. Je trouve ça difficile depuis que j'ai quitté *Salut Bonjour !*

Alors je relis les commentaires sur Facebook. Les bons comme les moins bons. C'est devenu un automatisme. Je me suis habituée à l'opinion de chacun.

« Ce n'est pas un échec, Marie-Claude, me dit-il au téléphone quelques minutes après l'arrivée du texto. Le diffuseur a pris une décision d'entreprise face à une réalité budgétaire précaire. Ça n'a rien à voir avec toi, Benoît ou la qualité de votre émission. »

OK, mais si on avait fracassé des records, ils n'auraient pas pris cette décision-là.

Au moins, je gère mieux mes réseaux sociaux. En fait, je suis désensibilisée. J'ai arrêté de valoriser tous les commentaires, les bons comme les moins bons. Si je laisse entrer le positif, alors le négatif va aussi venir m'atteindre. Je gère donc mon Klout de manière totalement détachée.

Comme je gère mon compte en banque.

J'ai finalement vendu ma maison pour en acheter une autre avec Jean-Martin. Couper les dépenses en deux, c'est un choix logique pour deux travailleurs autonomes. Ça nous permet aussi de réaliser un rêve de couple, un projet commun qui nous remplit de joie et de fierté. Après les turbulences de l'automne, nous avons retrouvé notre rythme de croisière. J'ai compris les règles du jeu. J'embarque dans mon tank quand je vais travailler et j'en sors une fois à la maison.

Blindée, maître de mon univers, gestionnaire de l'entreprise MC Savard. Je calcule les intrants et les coûts. Quand il fait beau, je prépare mes réserves pour la sécheresse qui me guette toujours au détour. Je calcule, je fais des statistiques – mon prof de mathématiques de secondaire 4 qui m'a fait couler deux fois n'en reviendrait pas.

Mon affaire n'est pas encore tout à fait au point, mais au moins j'évolue, je contribue et je réfléchis. Je sors de mon carcan.

Mes anciens collègues aussi vivent de la turbulence : des coupures partout, beaucoup d'inquiétudes. Pas évident, quand on a tous ses œufs dans le même panier et que le panier commence à se percer. Ma situation est donc peut-être moins précaire qu'elle en a l'air. En fait, ça dépend des types de personnalités, j'imagine.

— J'aime autant m'accrocher à ce que j'ai, me dit souvent ma grande *chum* avec qui j'ai longtemps travaillé le matin. Avec les enfants, les obligations, je ne pourrais pas faire ce que tu fais.

— Tu pourrais. Il y en a plein qui sont forcés de le faire par coupures de poste ou réorganisation d'entreprise. De plus en plus même. Ça te prendrait juste une gestion différente. Je suis certaine que tu y arriverais. T'es intelligente, débrouillarde et talentueuse. Il y a de moins en moins de sécurité d'emploi, de postes permanents.

Ce n'est peut-être pas le commentaire le plus rassurant, je l'avoue. Je l'aime, mon amie, alors je veux juste essayer de la préparer, au cas où.

— Justement, vaut mieux en profiter pendant que ça existe encore, me dit-elle avec un clin d'œil.

On n'est vraiment pas tous tricotés dans la même laine. Il est clair que, contrairement à elle, ça m'insécurisait davantage de me sentir impuissante face à un monde en changement. Je me sentais vulnérable et mal adaptée. Je suis donc contente de mes décisions, même si ces temps-ci, c'est un peu chaotique, mon affaire!

Je suis tirée de mes rêveries par mon oncle François.

— Qu'est-ce que tu fais, ces temps-ci? me demande-t-il alors qu'on fait une pause dans la tâche de vider l'appartement de son frère.

— Je termine la saison de *MCBG*, et ensuite je repars au front me chercher un autre emploi.

Comment expliquer adéquatement ce que je fais vraiment? Mille et une choses et rien en même temps.

— C'est stressant des fois, me dit mon oncle, qui a bien connu les aléas de la vie artistique, comme musicien professionnel.

J'ai grandi au son de la contrebasse que mon oncle pratiquait dans le sous-sol. La musique classique a meublé nos tensions familiales. Le plus jeune frère de ma mère a hérité d'un talent musical hors du commun qui lui a permis de voyager partout dans le monde à un jeune âge. Il semblait destiné à devenir celui qui allait « s'en sortir » le plus facilement et le plus rapidement. Il s'en est finalement sorti, mais non sans heurts et difficultés. Son caractère bouillant lui a souvent joué des mauvais tours. Disons qu'on sait comment orchestrer une bonne crise de nerfs, dans la famille. On maîtrise le juron à merveille.

— Ainsi va la vie, je lui réponds.

Honnêtement, le texto m'a quand même donné les bleus. Si on avait pu bénéficier d'une deuxième saison, juste pour voir ce qu'on avait dans le corps, et prendre une autre année de salaire avant de repartir dans le vide. C'est ce que j'aurais souhaité, mais je n'ai pas de contrôle là-dessus. C'est ça qui me rend dingue, ce même foutu sentiment d'impuissance, malgré le fait qu'en apparence j'ai pris les rênes de ma destinée en main. C'est ça qui est le plus déstabilisant. J'avais cru au changement de statut de travail comme solution au sentiment d'impuissance. Ce n'était qu'un mirage, une illusion.

Le départ d'un autre membre de ma famille me rappelle aussi les raisons qui m'ont poussée à prendre toutes ces décisions, au départ.

Mon oncle René a fait carrière comme réalisateur permanent à Radio-Canada. Peu doué pour les relations humaines au travail, il s'est réfugié à Vancouver tôt dans sa carrière. Les enjeux régionaux étaient mieux adaptés à son caractère rustre. De plus, la vie en Colombie-Britannique lui permettait d'explorer à fond sa passion pour le plein air, particulièrement l'aviron. Bel homme très en forme, il s'était construit une vie à sa mesure, mais n'a jamais réussi sa vie amoureuse. Sa vie privée, c'était de vivre de manière recluse. Il avait complètement compartimenté sa vie. Il y avait le René cynique, désillusionné mais aussi admiré de ses collègues de Radio-Canada. Le René totalement engagé et respecté dans son club d'aviron. Le René collectionneur de voitures anciennes aussi, puis l'ermite solitaire dans son appartement.

Récemment, son employeur l'avait forcé à la retraite, ce qu'il avait très mal digéré. À soixante-cinq ans, en pleine forme, il voulait continuer à travailler, à contribuer. Il ne s'était pas préparé de plan B, alors il se retrouvait totalement angoissé par le vide. Quelques semaines après l'annonce de son départ forcé, six mois avant sa retraite définitive, on lui trouve une tumeur au cerveau, et après à peine quelques mois de traitements, il décède d'une mauvaise chute dans son salon. Il n'a jamais pris sa fameuse retraite.

Ma mère n'était pas proche de ses frères, pendant la grande partie de sa vie adulte. Ils ne l'ont même pas vue pendant sa maladie. J'ai donc l'impression de m'immiscer dans la vie d'un étranger. Du même coup, avec la visite du plus jeune de la famille, je fais aussi connaissance d'un autre oncle en chair et en os. C'est l'*fun* de retrouver un lien familial, aussi lointain soit-il. Ça me rapproche aussi de ma mère, qui me manque encore beaucoup.

— René avait lu ton livre, tu sais. Je l'ai trouvé sur sa table de chevet quand je suis arrivé, après sa mort. Il était très fier de sa nièce, me dit François.

J'ai les yeux pleins d'eau. Le livre. Il était fier de mon livre. Moi aussi, je suis fière de mon livre. Ce bout-là de la transition, il est vraiment réussi. Pas de sentiment d'impuissance, pas de doutes. J'ai tout donné, dans le processus d'écriture, et en retour, ça m'a nourrie comme aucune autre expérience professionnelle. J'ai fait un *all in*, et j'ai gagné la mise. Pas de bluff, pas de stratégie, j'ai mis toutes mes cartes sur la table. Je n'arrive pas à saisir pourquoi je ne parviens pas à ce même résultat positif et enrichissant partout ailleurs.

Quel est donc le chaînon manquant?

— Il me l'avait dit au téléphone, qu'il avait aimé le livre. Ça l'avait brassé pas mal, je pense, dis-je à mon oncle.

— Oui, il m'en a parlé brièvement. Ça l'avait fait réfléchir à bien des choses. On s'est parlé pas mal pendant sa maladie. De ses regrets. J'ai véritablement découvert mon frère pendant ces semaines-là. Je ne peux pas te dire comment ça m'a fait du bien. Tout ce temps-là, quand personne ne se parlait dans la famille, j'avais tellement l'impression d'être le mouton noir. Ça m'a fait du bien de voir que je n'étais pas le seul à connaître des difficultés, m'avoue-t-il.

François a fait des choix très différents de son frère et de sa sœur. Pour toutes sortes de raisons, toutes aussi rocambolesques les unes que les autres, il est passé de musicien à chef d'orchestre et à compositeur avant de se retirer pour vivre autrement quelque part dans les Laurentides. Une vie mouvementée, jonchée de grandes difficultés, tant sur le plan personnel que sur le plan professionnel. Mais aujourd'hui, François est toujours de bonne humeur. Il n'est pas du genre à rester pris quelque part. Il explose, ramasse les dégâts et repart à neuf. Ça fait un bilan de vie très différent des deux autres membres de sa famille. C'est un esprit libre, mon plus jeune oncle. Aucun doute là-dessus. Il vit à sa façon, selon ses propres critères. Un excentrique, mais bien en santé, contrairement aux deux autres.

— On est tous le mouton noir de quelqu'un, lui dis-je en souriant. J'ai été le mouton noir de ma mère pendant plusieurs années.

Une affirmation qui a l'air de le surprendre.

— Ce que je comprends, François, depuis le départ de Louise, c'est qu'on ne sait jamais ce que les autres vivent. Qu'on en arrache tous un peu quelque part à un moment ou à un autre et que ça ne sert à rien de faire semblant. Il vaut mieux faire des erreurs, essayer des choses que de rester isolé dans un coin à craindre de déranger, à avoir peur de ce que les autres vont penser. En tout cas, moi j'essaie des affaires, et parfois je me trompe. Je me fais juger, des fois je suis mal comprise. Mais tu sais quoi ? J'y peux rien. Je suis responsable de mon bonheur.

Je me parle pas mal plus à moi qu'à mon oncle, mais je pense qu'il comprend et qu'il a besoin de se faire dire ça lui aussi.

Disons qu'on a eu le jugement pesant, en ce qui le concerne, dans la famille. Et plus souvent qu'autrement. Mon Dieu qu'on est donc sévères les uns envers les autres, des fois ! C'est paralysant.

Au diable ce que les autres peuvent penser. Il m'apparaît de plus en plus clair que l'acceptation et l'appartenance ne viendront pas de l'extérieur. Peu importe que je sois dans un poste permanent ou dans une situation de pigiste, ça ne change rien. Ce n'est pas dans ce que je «fais» ni dans le contexte dans lequel je choisis d'évoluer que réside l'équilibre. Je n'ai pas de contrôle sur tout ça, et il y aura toujours des changements dans mon environnement de travail.

La véritable qualité de vie que je cherche désespérément vient de la valeur que je m'accorde, des limites que je définis, que je négocie et que je m'engage à respecter. Elle prend aussi sa source dans la sagesse de faire les bons choix pour les bonnes raisons, selon mes forces et mes faiblesses, que je dois d'abord apprendre à reconnaître. C'est la seule chose qui puisse me donner la confiance nécessaire pour bien m'adapter aux changements. M'adapter à la mouvance, c'est le gage d'une longue et fructueuse carrière, équilibrée et enrichissante.

C'est peut-être le fantôme de mon oncle qui m'inspire, mais à ce moment précis du printemps 2013, en pleine grisaille de Vancouver à me recueillir sur sa vie à lui, le brouillard commence à se dissiper légèrement dans la mienne.

DAMIEN BINETTE
On a hâte de te revoir Marie-Claude.
On s'ennuie de ton sourire.

« Qu'est-ce que tu fais, ces temps-ci ? »
Maudite question.
La question qui tue, pour un pigiste sans emploi. Une terreur d'interrogation qui revient à tout coup, plusieurs fois par jour. C'est une agression en bonne et due forme que de demander ça à quelqu'un qui amorce un virage professionnel. Ça ramène toutes les angoisses d'un seul coup. J'imagine que ça doit être la même chose pour quelqu'un qui prend sa retraite ou qui se cherche dans son travail. Et les relations sociales sont organisées autour de notre statut au travail.

Chaque fois que je sors, que je rencontre de nouvelles personnes ou que je revois des visages connus que j'avais perdus de vue, on veut tout de suite parler de nos occupations.

— Tu fais quoi, toi ?

Tout de suite, on se place dans une catégorie.

— Je me cherche un contrat?

— Je capote un peu, ces temps-ci?

— C'est pas toujours évident, le monde de la pige?

— Euh… je n'ai pas le goût d'en parler?

Toutes des réponses qui causeraient assurément un malaise. Alors, j'y vais plutôt vaguement, positivement.

— Je suis en transition. Je prends du temps pour moi. J'ai plein de projets sur la table, faut juste que je fasse les bons choix. Belle période, très effervescente. Toi?

C'est vrai et ce n'est pas vrai. Je n'aime pas le vide, j'ai toujours envie de le combler. Pourtant, il faut des passages à vide pour laisser la place à l'inspiration qui nous mènera dans la bonne direction.

MAIS C'EST CAPOTANT!

Je ne sais pas quand je travaillerai à nouveau en télévision. Le téléphone n'a pas sonné depuis la fin de *MCBG*. Je fais un remplacement d'été à la radio. Je travaille aux aurores avec Jean-Pier Gravel, un autre ancien de *Salut Bonjour!* Décidément! Un contrat de dix semaines, de juin à août, qui me permet d'atterrir de *MCBG* et de faire le pont entre le travail et le néant qui devient de plus en plus inévitable.

Il n'y a pas d'ouverture pour un poste permanent à la station de radio où je remplace. Même si tout va bien cet été, il faudra se dire « à la prochaine », une fois l'automne arrivé. Je développe à long terme.

Il aurait fallu que je présente des projets de télé, que je rencontre des producteurs et des diffuseurs l'automne dernier, pour trouver un poste à temps pour septembre. Mais il y a un an, j'avais deux emplois, alors je n'ai pas pensé à plancher sur autre chose.

Une autre leçon de travailleur autonome! Plan A, plan B, plan C.

La bonne nouvelle, c'est que ce n'est pas catastrophique, pour le moment. J'ai compris le concept de mettre de côté pour les temps plus difficiles, alors mon année de travail intensif me donne quelques mois de liberté. Il y aura sûrement d'autres remplacements, des droits d'auteur sur mon livre. En contrôlant les dépenses, je serai en mesure d'honorer mes obligations pendant quelques mois. Par moments, j'ai totalement confiance qu'il se passera quelque chose. Les moins bons jours, je suis inquiète pour le long terme.

Jean-Martin s'en va tourner *Occupation Double* en Espagne cet automne. Je peux donc refaire un voyage de plusieurs semaines en Europe à peu de frais. Pas si mal, somme toute, mais j'aimerais mieux travailler que voyager, ces temps-ci.

Un jour à la fois.

NADIA MARTIN
Je suis déçue de ne plus te voir dans Salut Bonjour, où es-tu? Est-ce qu'on peut te voir ou t'entendre soit à la télé ou la radio??

(Aaaaaargh !!!!!!!!)

Automne 2013, Espagne

« As-tu invité deux copines de plus à venir habiter dans notre maison à Sitges ? »

Nous sommes sur la terrasse de l'hôtel, à Barcelone. À peine descendus du taxi qui nous emmenait de l'aéroport, Jean-Martin et moi avons tous les deux le nez sur nos téléphones. Je cherche à voir si j'ai reçu des courriels professionnels, des possibilités, des propositions. J'ai une boule dans l'estomac en permanence. Une sorte de fébrilité et d'angoisse que même mon arrivée à Barcelone n'arrive pas à éliminer. J'ai passé les cinq heures de vol à me ronger les sangs. Le cou raide, j'ai l'impression de retenir mon souffle en permanence. Mon *chum*, lui, en a plein les bras avec le dixième anniversaire d'*Occupation Double*. Événements spéciaux, logistique, etc. Sa boîte de courriels est pleine de choses importantes. De mon côté, j'ai des confirmations que mes pauses vacances de livraison de journaux à la maison à Montréal ont pris effet.

— Je pense que oui. Je pense que j'ai invité du monde à venir chez nous en Espagne, un soir, alors qu'on prenait un verre sur Mont-Royal. Tu étais là, tu t'en souviens plus ? Un groupe de gens, en fait.

Ce sont tes amis aussi, alors je ne pensais pas que c'était ben grave. De toute façon, tout le monde dit toujours ça tard le soir et ça n'arrive jamais.

— Ben, figure-toi qu'il y en a deux qui t'ont prise au mot et qui arrivent la semaine prochaine. Je viens de recevoir des textos. Il y a pas déjà Sophie et son *chum*, Benoît et sa blonde, qui viennent ? Il y a ma famille aussi, qui vient pendant deux semaines. Tu sais qu'il y a trois chambres à coucher dans la maison ?

Oups.

— On va s'arranger, tout finit toujours par s'arranger. On verra bien.

Je m'étonne moi-même de mon lâcher-prise. On dirait que mon angoisse intérieure prend tellement de mon énergie que je deviens paresseuse pour le reste. Disons que la technique « on va s'arranger » n'est pas dans ma nature habituelle.

Mon *chum* est donc incrédule et franchement perturbé.

— Mais est-ce qu'elles savent qu'il n'y aura pas de chambres pour elles ? Tu leur as dit, le fameux soir sur Mont-Royal ?

Que c'est donc fatigant, toutes ces questions. Plus y a de monde, plus y a de plaisir, non ? Plus y a de l'action, moins je pense à mon stress, non ? L'énergie débordante de tout le monde va me contaminer et je vais passer un excellent voyage, comme il se devrait. De toute façon, on sert à quoi dans la vie si on ne peut pas partager les occasions de voyages que nous avons grâce au travail… de mon *chum*.

— Elles sont bohèmes, on va trouver une solution. C'est toujours ben une maison à vingt minutes en train de Barcelone, pas loin de la plage. Il y a pas mal de monde prêt à coucher sur un matelas à terre pour ça.

— D'accord avec toi, quand les invités le savent d'avance. Autre détail, on va le trouver où, le matelas ? me demande mon *chum* les sourcils accrochés à la racine des cheveux, les yeux ronds comme des billes.

— Ben, on n'est pas dans la jungle, il y a des magasins. Un matelas gonflable peut-être ? On pourrait demander au proprio.

J'ai toujours les yeux sur mon téléphone en faisant semblant d'être très occupée. J'ai le goût d'éclater de rire. En même temps, il a raison. Il va falloir trouver une solution.

S'ensuit un long silence, puis finalement un soupir.

— La prochaine fois que tu invites des gens, faudrait s'organiser un peu mieux, chérie. Tu sais que je travaille beaucoup plus, cette année, avec le dixième anniversaire. Ce n'est pas le bon moment pour se lancer dans un projet d'auberge espagnole.

Je sais que mon *chum* aime recevoir et qu'il sera heureux de voir sa famille et nos amis profiter de la maison. Je sais aussi qu'on aura un voyage mémorable.

Dans une semaine, on quitte la ville de Barcelone pour aller s'installer un peu plus loin en Catalogne, le long de la côte, non loin du site de tournage de l'émission. Un petit village sur le bord de l'eau dont tout le monde revient totalement charmé. Ce sera la même chose pour nos invités et pour moi aussi, j'en suis certaine.

En attendant, nous avons une semaine avant l'arrivée des candidats et le début de la production. Sept jours en amoureux au cœur de Barcelone avant le grand débarquement.

Pas si mal, la vie de travailleur autonome, en fin de compte. Gaudí était à la pige, lui aussi, non ? Il a dû en vivre, lui aussi, des angoisses, avec sa Sagrada Familia inachevée…

— Les filles, j'ai mal calculé mon affaire et il reste juste un matelas gonflable pour vous deux, mais vous êtes les bienvenues tout le temps que vous voulez ! Préférez-vous le garage ou le palier en haut de l'escalier ? C'est comme vous voulez, sentez-vous très à l'aise. D'un côté, il y a de l'intimité dans le garage mais ça sent un peu l'essence, Vous êtes plus proches de la salle de bain en haut de l'escalier, mais les autres pensionnaires devront enjamber le matelas de temps à autre.

Comme prévu, les filles sont aux anges. On voit l'océan au loin depuis la terrasse de la maison, la piscine est ensoleillée en après-midi, le petit village est encore plus beau que les photos l'annonçaient. Il faudrait vraiment beaucoup de mauvaise volonté pour bouder ou se sentir contrarié ici.

Mon auberge espagnole est donc officiellement ouverte et roule à fond la caisse. J'ai des visiteurs *non stop* pendant les huit semaines de notre séjour à Sitges. Un groupe hétéroclite débordant d'énergie et follement déjanté. Un mélange d'amis et de parents qui ne se connaissaient pas nécessairement les uns les autres. Rien qu'un bon verre de vin, une tranche de jambon espagnol et un *pan con tomate* peut tout régler. Tout est *muy bien*.

Je suis gérante, chauffeur, guide touristique et cuisinière en chef. Pas une minute pour relaxer, pour réfléchir. C'est mieux comme ça.

— On est à la gare ! me dit l'une de nos invitées, au bout du fil de mon téléphone espagnol.

Je prends donc le volant de ma Opel blanche manuelle, qui a de la difficulté à négocier les virages et à monter les côtes. Je conduis comme une Espagnole, à l'envers dans les sens uniques, à toute vitesse dans le carrefour giratoire, tous les passagers ont un mal de cœur assuré. Ce n'est pas grave, on chante à tue-tête, les vitres baissées. C'est la perte de contrôle totale.

Un immense doigt d'honneur au stress des derniers mois.

On se lève tard, on mange peu avant minuit, on boit trop, on passe des nuits blanches à jouer aux cartes. Le bordel, quoi. C'est une crise d'adolescence ? Ben on va en virer toute une !

— Qu'est-ce que tu fais, à ton retour ? me demande un collègue de travail de Jean-Martin lors d'un souper d'équipe.

Maudite question.

Pourtant, je me tiens le plus loin possible de la production d'*OD*. Je n'ai pas le goût de faire semblant. Il y a des moments où je me dis que c'était tellement plus facile de laisser quelqu'un d'autre décider pour moi. J'étais protégée par un immense rempart, quand j'étais à *Salut Bonjour !* En même temps, ça se serait terminé un jour ou l'autre. J'aurais fait quoi ? Et je ne serais pas ici, dans mon auberge espagnole. Je n'aurais jamais eu cette liberté et ce terrain de jeu.

— Je m'en vais faire un stage dans le bois avec un chef amérindien, à mon retour, dis-je.

Jean-Martin ne peut s'empêcher de rouler des yeux et de renchérir.

— Mais tu as aussi des projets de travail ? dit-il pour me rassurer et m'aider.

— Pas vraiment. Une chance qu'il y en a un qui travaille dans le couple. Pendant que Jean-Martin va s'occuper du montage de l'émission, moi je vais fumer la pipe sacrée et marcher dans la forêt, dis-je avec un air de défiance.

À bas les masques. Les gens du public qui me soutenaient avant me trouvent instable. Les employeurs ne savent plus dans quelle case me placer. Tout le monde se demande ce qui se passe dans ma vie, à commencer par moi. Est-ce que j'ai perdu mon pari ? Est-ce que je vais trouver le chaînon manquant ?

Chose certaine, ce n'est pas ici en Espagne que ça va se passer. C'est trop beau, il y a trop de monde, un trop grand tourbillon d'activités et de sensations. On se défonce collectivement et j'ai l'impression que les Catalans le font aussi. Ils craignent de perdre leur pari d'indépendance, la crise économique frappe fort. Tout le monde travaille à s'éloigner des tracas et à se rapprocher du plaisir.

— Il reste plus de jambon espagnol, Marie-Claude ! me dit Sophie, qui est venue passer une semaine à la maison avec son nouveau *chum*.

Eh oui, Sophie s'est trouvé un *chum* ! Elle est en amour par-dessus la tête. Elle a remporté son pari, ELLE. Tout le monde y arrive sauf moi, pour le moment en tout cas.

— J'y vais !

Je fonce vers le village de Sitges au volant de ma Opel, qui crache de la fumée et rouspète à chaque changement de vitesse.

Tassez-vous de là !

L'équilibre, l'intégrité, les grandes réflexions philosophiques, je m'en balance en ce moment. Je n'ai pas de travail et ça me pèse. J'aimerais être libre comme l'air et désinvolte, mais il y a toujours une petite crotte sur le cœur qui me revient.

Mes parents sont morts. Mon oncle est mort. Je n'ai pas d'enfant. Ma grosse *gang* espagnole me rappelle parfois à quel point je me sens seule.

Je gère du rejet, du jugement et de l'échec depuis quelques mois. Je n'ai pas le goût d'être calme, sensée et raisonnable. Au diable la méditation, la contemplation et la connexion avec l'Univers.

Je ferai ça à mon retour au Québec, dans quelques semaines.

— Qu'est-ce que tu fais, donc, à ton retour ?

— JE M'EN VAIS DANS LE BOIS, JE VOUS DIS !

TROISIÈME PARTIE

« Le bonheur est une décision que nous
prenons d'être heureux quoi qu'il arrive. »

André Maurois

Automne 2013, Val-des-Lacs

Une saison, deux expériences tellement différentes.

De l'auberge espagnole à la tente de prospecteur.

D'un tourbillon extrême au silence et à la solitude. J'ai les oreilles qui bourdonnent après toutes ces semaines de laisser-aller et de *fiesta* collective. Comme si je rentrais d'un immense festival rock de plusieurs semaines et que je me retrouvais dans le calme pour la première fois.

Ça fait du bien de vivre un peu la hargne et le désir d'en découdre. Je ne peux pas toujours être parfaite, en contrôle et raisonnable. Ce n'est pas naturel. Ça me joue des mauvais tours. Ça m'empêche d'être véritablement authentique. On ne peut pas juste être vraie quand ça va bien. Ça ne fonctionne pas comme ça. En tout cas, plus pour moi.

Il me prendra telle que je suis, le chef amérindien. Un point c'est tout. Je n'ai pas le goût de jouer à la première de classe ponctuelle et rangée qui est performante dans tous les aspects de sa vie, y compris la croissance personnelle.

« Mets tes énergies à la bonne place », me répète souvent Sophie. En ce moment, la bonne place, c'est cet espace sacré au beau milieu de la forêt, enroulée dans ma grosse couverture. Prête à retourner dans la fournaise.

La deuxième étape du *sweat lodge* ne ressemble en rien à la première. Pas de conte coloré sur la naissance de l'Univers. Moins de paroles. De toute façon, on n'est pas très jasant, dans la tradition autochtone. Peu de mots, beaucoup d'expérimentation, de ressenti. À des années-lumière de la tendance moderne de psychothérapie qui vise à discuter, décortiquer et analyser.

Le chef, lui, me dit de parler aux animaux. Parler aux animaux?!? Dans quoi je me suis embarquée, moi, là? Je me vois déjà animer une émission sur les bêtes de compagnie, à mon retour. C'est peut-être ça, mon destin de carrière… Il va falloir que j'investisse dans les antihistaminiques, par exemple, parce que je suis allergique au poil.

Dans ce cas-ci, on parle plutôt de grosses bêtes. Le matin de la dernière journée de mon périple, quelques heures avant le fameux *sweat lodge*, le chef m'a emmenée voir un troupeau de bisons dont il s'occupe, dans la montagne.

— Tu vas parler aux bisons, Petite Pomme. Ça va te faire du bien.

Le chef voyait qu'il fallait me vendre l'idée.

No hablas bison langage, c'est tout ce qui me tourne dans la tête. Et puis, un bison face à une fille de 5 pieds 2 pouces, ça peut mal tourner. Quand même, je prends le pari d'au moins me rendre sur place.

Quand nous sommes arrivés sur la colline, il n'y avait aucun bison à l'horizon. J'ai tout de suite pensé qu'il s'agissait peut-être d'une parabole, d'une légende et qu'il n'y en avait finalement pas pour de vrai. Des bisons à Val-des-Lacs… jamais entendu parler de ça. J'étais presque prête à croire que je l'avais échappé belle. Parler à des bisons… pfttt ! Je suis donc naïve moi, des fois !

Dominik m'a souri en me regardant du coin de l'œil. Il voyait bien le doute sur mon visage.

— On va les appeler et ils vont venir, s'est-il empressé de dire.

Pas de parabole. Il maintient le cap. C'est un vrai projet.

J'ai eu un moment de fou rire intérieur intense. Si mes amis me voyaient, en jupe longue traditionnelle et en bottes de randonnée, une motte de cheveux sur la tête parce que je ne peux pas brancher de fer plat dans ma tente de prospecteur, à attendre avec impatience un troupeau de bisons !

On va bien se bidonner à mon retour.

Puis tout d'un coup, la terre sous mes pieds commence à trembler. Tagada tagada tagada tagada.

— Regarde au loin, me dit Dominik. Tu vas les voir apparaître. Ils sont tous là.

Mais comment sait-il qu'ils sont tous là ? Il compte les tagadas ? Et tel que promis, je vois leur tête poindre entre les arbres, au loin sur la colline. Ça me prend un moment pour réaliser ce qui se passe. De vrais bisons à Val-des-Lacs. C'est assez impressionnant de voir un troupeau de bêtes descendre à toute vitesse entre les arbres, en synchronisme complet, poil au vent.

À mi-chemin, le troupeau s'arrête devant nous.

— Ils ne te reconnaissent pas, m'informe le chef. Je vais devoir te présenter.

Plus rien ne m'étonne, rendue là.

Il se met alors à émettre des sons étranges d'une voix de baryton qui porte loin dans les hauteurs et revient vers nous par l'écho de la montagne. Il faut quelques minutes avant qu'il se passe quoi que ce soit. Les bisons tournent sur eux-mêmes, indécis, et poussent aussi quelques grognements. Dominik renchérit.

Puis, tranquillement, ils avancent vers nous avec ce que je perçois comme de l'hésitation.

Moi non plus je ne dois pas sembler très rassurée, ni rassurante. Chose certaine, j'ai les yeux ronds comme des billes. D'abord, ce sont des bêtes immenses! Un troupeau comme celui-là, ils doivent être une douzaine, c'est majestueux et très impressionnant. Les bisons sont en voie d'extinction, sur leur ancien territoire de prédilection, et comme tous les animaux, ils ont un rôle important dans la tradition des Premières Nations.

C'est pour cette raison que Dominik consacre autant de temps à s'occuper d'eux.

Le bison, m'a-t-il appris, favorise la réconciliation et la réflexion sur le sens de la vie et la valeur de la paix. Comme c'est un animal très ancien qui foule la terre de notre coin de pays depuis des milliers d'années, il comprend tout, il a tout vu et on peut tout partager avec lui.

C'est un peu le principe de mon périple. Laisser aller ce dont je n'ai plus besoin et le confier à la nature. Retourner chez moi, dans la forêt, pour faire le point, expier le superflu et y laisser le bagage que je ne veux plus traîner.

La valise symbolique que je traîne a la taille d'un bagage de cabine. Pas assez grande pour m'encombrer vraiment mais assez présente pour me restreindre dans mes mouvements. En gros, comme orpheline pigiste, je suis un peu comme une chaloupe au large. J'ai beau voguer paisiblement, je n'ai pas de port d'attache. Mais maintenant, je suis prête à accoster.

Concrètement, je ne viens pas régler d'énormes problèmes, seulement ajuster ma boussole interne pour mieux naviguer dans mon monde. Pour ce faire, je dois laisser derrières mes anciennes croyances et en tester de nouvelles.

— Parle aux bisons. Dis-leur ce que tu veux, ils vont te montrer ce que tu as besoin de voir, me dit Dominik.

Décidément, la culture autochtone n'est pas des plus efficaces en termes de compréhension. Pour une journaliste, ce n'est pas trop clair, tout ça. D'abord, je ne parle pas aux animaux. Bon, à mon chat de temps à autre, mais pas quand il y a de la visite. Les bisons, je ne les connais pas. De toute façon, je ne saurais pas comment m'y prendre même si j'avais suivi l'atelier Langage animal 101 qu'on n'offrait malheureusement pas à mon cégep.

Juste au moment où je me passais cette réflexion, j'entends le camion du chef faire demi-tour dans le gravier.

— Il est parti.

— Ben non…

Je ne peux pas m'empêcher de parler à voix haute. Je hoche la tête, il est parti…

115

Il me laisse ici toute seule avec des bisons sauvages !

Quand va-t-il revenir ? Je vais y passer la nuit ou quoi ?

C'est une question que je me pose souvent, depuis mon arrivée.

« Quand ce sera le temps », m'aurait-il sûrement dit si j'avais eu le temps de le lui demander.

C'est comme ça, ici, avec le chef amérindien.

On fait ce qu'on a à faire, pas trop de placotage.

Me voilà donc seule avec les bisons.

Par chance, c'est une superbe journée d'automne, ici à Val-des-Lacs. Le soleil est chaud, la lumière danse à travers les couleurs des feuilles, et les bisons ruminent tranquillement devant moi. Très calmes, très imposants et étrangement très apaisants. Alors je m'assois sur un rocher, je respire profondément et je les regarde.

Il y a une hiérarchie entre eux. Ils se présentent dans un ordre précis et retournent ensuite dans leur sous-groupe respectif.

C'est lequel, mon sous-groupe à moi, dans le troupeau de bisons qu'est mon univers ?

Tout à coup, un jeune bison se détache de son cercle pour venir vers moi. Je sens son souffle, non loin de ma main. Je n'ose pas trop le toucher, on ne sait jamais. Mais il reste là, et je le regarde. Il part, revient. Même chose pour les autres. Les minutes passent, tout d'un coup, je me sens comme partie intégrante de leur troupeau. Je *chill* avec ma *gang* de bisons. Qu'est-ce qu'on fait ? Rien. On profite de la place. On observe, on connecte, on déconnecte. Le plus gros des bisons veille en retrait, c'est clair. Les mamans se tiennent avec leurs petits, les autres mâles ont l'air de relaxer entre eux et se font regarder par les bisonnes célibataires. Un 5 à 7 de jeudi soir en ville, sauf qu'il est 9 heures sur la montagne.

Une bonne heure a dû passer comme ça avant que j'entende à nouveau le bruit de moteur du camion.

— Et puis, vous vous entendez bien ? me demande Dominik d'un air rieur.

— Pas pire, finalement, je lui réponds.

— Tu vas voir, tu vas sentir leur énergie encore longtemps. Garde le bison avec toi, Petite Pomme.

Et hop, nous voilà sur le chemin du retour vers la tente. Je suis encore sous le choc de ce qui vient de m'arriver quand Dominik me fait arrêter sur le bord de la route pour choisir une douzaine de roches de taille moyenne. Après deux jours très calmes, il a décidément choisi de m'en mettre plein la vue pour la dernière partie de mon séjour. Il est peut-être pas mal plus *showbiz* que je pense, le chef amérindien.

— Chaque caillou représente un membre de ta famille, de ta lignée. Papa, maman, grand-papa, grand-maman, tes ancêtres. T'as pas besoin de me le dire, fais juste visualiser quand tu les choisis et mets-les dans la boîte du camion. On va les chauffer sur le feu, tantôt, pour les mettre dans la hutte. Ce sont eux qui vont nous guider. Ce sont tes *moshoms*.

Les voilà donc, mes pierres ancestrales, au centre de l'abri, rouge vif, crépitant chaque fois qu'on les arrose. Le tambour se fait aller, et on vibre au rythme des bisons, du loup, de la tortue, de l'aigle et surtout de l'ours, l'animal totem de Dominik. Il a apporté sa peau d'ours dans la hutte. C'est très étrange, pour une citadine comme moi, de penser comme ça au règne animal et à la nature. Sans m'en rendre compte, de manière totalement naturelle, me connecter à la faune réveille mon instinct. En apprivoisant les animaux, je découvre la capacité naturelle que j'ai à l'intérieur de moi de renifler la bonne piste, de prendre la bonne route, et l'assurance que ma capacité naturelle de survie va me sortir de n'importe quelle impasse.

Un peu comme le feu qu'il faut nourrir de bois à l'extérieur de la tente, j'apprends que je dois moi aussi nourrir le feu que j'ai à l'intérieur de moi. Ce bûcher sacré, c'est mon instinct naturel, qui est là pour me guider quand je me sens perdue. Si je ne l'entretiens pas, ce sera une toute petite flamme très difficile à trouver et à suivre. Si j'y mets régulièrement du bois sec, alors j'aurai une immense flamme dansante pour m'orienter et me rassurer, peu importe ce qui se passera.

Dans la noirceur de la hutte, c'est ça qu'il me fait vivre, le chef, avec ses histoires et ses chants. Quand la panique m'assaille et que je veux sortir de la tente parce que j'étouffe, il m'explique la marche à suivre.

Je crie «TABAC» au bout de mes poumons. Dehors, le gardien du feu m'entend et comprend que je suis dans le noir et que j'ai besoin de me connecter au feu, de me rassurer en me rappelant que je suis à une porte de toile de l'extérieur. On se sent rapidement claustrophobe dans la chaleur et le noir, alors de crier à quelqu'un à l'extérieur, ça rassure. Dans la culture amérindienne traditionnelle, le tabac a des propriétés sacrées. C'est pour cette raison que fumer la pipe sacrée est un geste symbolique très puissant, dans la tradition. En criant «TABAC!», je demande à être reconnectée à mon feu sacré. Le gardien répond à mon appel en lançant une pincée de tabac dans le brasier. Ce n'est que symbolique tout ça. Je ne le vois pas faire, mais j'ai confiance qu'il pose le geste. C'est une chaîne qui se rend jusque dans les flammes. Mes paroles, son geste et le feu. Grâce à lui, chaque fois, je me connecte au brasier. Le feu me guide, la noirceur est moins pesante, les branches de sapin me rafraîchissent et je poursuis mon aventure dans le *sweat lodge*.

Quand Dominik m'a expliqué le concept, je n'y voyais pas vraiment d'intérêt, mais prise dans la noirceur de la tente, j'ai bien compris que je n'avais rien à perdre d'essayer.

J'ai donc souvent crié «TABAC!» pendant la deuxième étape. J'ai été étonnée de constater que ça m'a réellement aidée.

Me revoilà ainsi à nouveau à l'extérieur, enroulée dans ma couverture chaude. Physiquement, je suis affaiblie. Depuis plus d'une heure, j'ai mis beaucoup d'énergie à combattre et puis à accepter l'environnement de la hutte. J'ai l'impression d'avoir livré douze rondes de boxe contre mes démons. Je suis épuisée. Ma tête qui roule à tombeau ouvert depuis trois jours est complètement vidée. Je suis au bout du rouleau.

Cette fois, personne ne s'informe pour savoir si je veux continuer. Il est clair que je suis là pour la durée du séjour. Il me reste le plus important à faire : la réconciliation avec mes aïeux.

Ancêtres, lignée, disons que ce ne sont pas des mots qui font partie de mon quotidien. En fait, je pense n'avoir jamais véritablement prêté attention au concept. Je n'ai pas connu mes grands-parents paternels, et mon père était fils unique. Pas de grande lignée connue de ce côté-là.

Par contre, j'ai bien connu mes grands-parents maternels, qui ont aidé ma mère à m'élever dans les moments plus difficiles, après le divorce de mes parents. Des gens très terre à terre pour qui la vie se résumait à une série de difficultés. « L'argent pousse pas dans les arbres ! » disait mon grand-père chaque fois que je demandais des sous pour aller acheter des bonbons à la tabagie.

Peintre de grand talent, il avait laissé son pinceau de côté pour entreprendre une carrière de commis dans le domaine des assurances. Aujourd'hui, en regardant ses toiles, il est évident qu'il aurait bien gagné sa vie comme artiste. Mais à l'époque, ce n'était pas un choix sensé. Il s'est donc fait violence au quotidien pendant quarante ans dans un domaine qui ne lui allait pas naturellement.

Ma grand-mère, elle, avait perdu son grand amour à la guerre et, à l'aube de la trentaine, avait choisi d'épouser mon grand-père, parce que c'est ce qu'on faisait dans ce temps-là. On se mariait et on fondait une famille.

Pas beaucoup de joie, donc, chez les Myrand. Des tensions, des non-dits, des frustrations collectives qui aboutissaient inévitablement à des chicanes lors des soupers de famille, le dimanche soir.

Je porte donc cet héritage. En trame de fond de mon parcours, le refrain est : rien n'est facile, la vie est une affaire de compromis, il faut saigner pour survivre. C'est de ce pain que se nourrit mon inconscient. Peu d'affection, dans cet environnement ; tout le monde crispé, la mâchoire serrée. Très peu de rêve et de fantaisie.

Eux aussi doivent en prendre pour leur rhume en pensant à leur petite-fille qui fait des câlins aux arbres ! En même temps, j'aurais aimé qu'ils entreprennent un processus de guérison à leur manière.

Ma mère et mon père, en bons baby-boomers, ont voulu changer le monde, vivre librement, à leur manière, et ils ont admirablement transcendé leur héritage respectif, à bien des égards. Sauf que les difficultés les ont rattrapés au tournant et ils ont baissé les bras. Après son divorce et le décès de ses parents, mon père s'est mis à boire. Incapable de gérer l'échec, il s'est coupé de ses propres sentiments. C'était un homme jovial en apparence, qui souffrait le martyre à l'intérieur.

Ma mère, elle, a choisi le chemin de la victime et a porté sa croix jusqu'à son lit de mort. Elle m'a légué cette tendance à dramatiser et à voir souvent le négatif.

Je les aime d'amour, je leur serai reconnaissante jusqu'à mon dernier souffle de m'avoir donné la vie et ils me manquent cruellement. J'aimerais cultiver le meilleur d'eux et laisser aller les gènes de notre histoire collective sans trancher le fil qui me retient à eux. Mon bagage familial me joue de mauvais tours lorsque je ne suis pas vigilante. La « victimite » me guette, la légèreté prend ses jambes à son cou et je dois sans cesse me rappeler qu'il ne faut pas se fermer comme une huître quand on a des bobos.

Pour moi, c'est ça la lignée.

Pourtant, ça n'a rien à voir avec le concept d'ancêtres dont parle le chef depuis trois jours. Pour lui, l'ascendance, c'est le patrimoine humain au sens large. Dans sa tradition, je suis la digne héritière des premières cellules vivantes qui se sont formées sur la planète pour donner naissance aux premiers humains. Mon histoire familiale a très peu à voir avec ça. C'est un détail dans le grand dessein de l'Histoire.

Je peux bien penser que le sang qui coule dans mes veines est celui de Charlotte, Benoît, Louise et Jean, mes grands-parents et mes parents, mais dans le fond, c'est celui de l'espèce tout entière. Et cette espèce est digne et sacrée, et elle a un rôle extraordinaire à jouer, aussi petit et aussi insignifiant puisse-t-il paraître.

— Quand tu respires, tu joues ta partition dans l'énorme orchestre de l'Univers. Chaque branche de chaque arbre remplit son rôle à merveille. Juste d'être là, le cœur qui bat, le tambour qui fait tadam tadam tadam, c'est majestueux. Tu existes. C'est tout ce que tu as à faire. La Terre te nourrit, le soleil te réchauffe, les animaux veillent sur toi et vice versa. Tu es chez toi. Tu vis ton expérience et elle est extraordinaire, me dit Dominik.

Dans son optique, il n'y a rien de mal ou de bien. Je n'ai pas à juger de l'attitude du bison, ou de la couleur de la branche d'arbre. Ils font ce qu'ils ont à faire, parfaitement, à leur façon. Et moi aussi, en existant pour le temps qui me sera alloué, je fais ce que j'ai à faire parfaitement.

Disons qu'on est loin du culte de l'ambition et de la performance! Avoir su, je me serais peut-être moins démenée. Je suis encore un peu sceptique, même à ce moment-ci, je dois l'avouer.

Avant de venir passer trois jours dans le bois à Val-des-Lacs, j'étais passée rencontrer Dominik, histoire de voir un peu de quoi il s'agissait. Quelques semaines avant mon départ en Espagne, nous nous étions assis ensemble chez lui, dans sa salle de méditation, et nous avions parlé pendant deux heures. Il m'avait raconté sa vie de nomade sur le bord de la rivière Harricana, en Abitibi, il y a soixante ans. Sa famille vivait dans des abris faits de branches et de peaux d'animaux, comme dans les livres. Il chassait et cueillait sa nourriture. Le feu le réchauffait et il dormait paisiblement dans la peau de son ours, la nuit.

— Jamais je n'ai eu faim, jamais je n'ai eu froid, jamais je n'ai souffert. Nous prenions toujours soin d'être confortables, de bien se traiter les uns les autres. L'été, nous étions sur le bord de la rivière, l'hiver, nous établissions notre campement à l'intérieur des terres. C'était une époque magique, m'avait-il dit, une lueur dans les yeux.

Vraiment? Pas froid dans la tente en plein hiver, jamais faim? J'ai toujours pensé dans mes cours d'histoire que ça devait être un enfer que de vivre en nomade dans la nature avec la rudesse de notre climat. Mais pour lui, c'était le paradis. Il était en communion avec son environnement. Il recevait le savoir des anciens, savait que en tant qu'être humain il était le fier descendant d'une grande lignée sacrée.

Jamais il n'a remis en question sa place dans le grand ordre des choses, jamais il n'a douté de sa valeur. Pourtant, il a été chassé de son paradis peu avant son adolescence. Au nom du progrès, il a vécu des atrocités aux mains des religieux, s'est vu exproprier de son territoire, et sa vie a été transformée à maintes reprises depuis. Il a donc lui aussi expérimenté l'acceptation, le pardon, la guérison et la réconciliation.

Il m'avait dit que chaque voyage qu'il entreprend avec un groupe dans la hutte de sudation l'aide lui aussi à préserver son harmonie et à nourrir son feu sacré. C'est à ce moment-là que j'avais pris la décision de venir vivre un peu à ses côtés, à mon retour de voyage.

Quelle chance, quand même, que de rencontrer un descendant en chair et en os d'une tribu amérindienne nomade. J'avais tellement de préjugés sur la culture autochtone avant mon arrivée ici. J'y voyais le folklore touristique, les cigarettes à plume, les casinos, les beuveries et la violence.

— Mon peuple aussi a besoin de nourrir son feu et de guérir, me dit-il en guise de réponse.

C'est pour cette raison qu'aujourd'hui Dominik travaille fort à garder vivant le savoir des anciens et qu'il ouvre la porte de sa hutte de sudation de temps à autre.

Juste avant de commencer le fameux processus du *sweat lodge*, j'ai jeté dans le brasier, à l'extérieur de la tente, une grande guirlande de petites boules de papier enrobées de tissu rouge et retenues par des cordes. J'avais passé ma première nuit dans le bois à confectionner cette guirlande. Dominik avait dû voir qu'il fallait me tenir occupée ! De toute façon, il n'y a pas grand-chose à faire, dans le noir, à la lumière d'une chandelle, en attendant que le sommeil s'installe. Alors, sur chaque morceau de papier j'avais écrit ce qui me passait par la tête. Des émotions, des souvenirs, des paroles que je ne voulais plus garder avec moi. Au début, je réfléchissais, je m'appliquais, je me censurais, puis après trente minutes je me suis déchaînée. Ça coulait comme l'eau des rapides au printemps. C'était du rafting extrême, mon affaire, si bien que je me suis ramassée avec une longue guirlande remplie de tout ce que je voulais laisser aller dans ma vie. C'est elle qui brûle en ce moment au centre du bûcher, sur les pierres de mes ancêtres qu'on s'apprête à transférer au centre de la tente pour le dernier droit.

Le fait d'être si fatiguée me permet finalement de baisser ma garde naturellement. Disparus, à ce moment-ci, le cynisme et le doute. La cloche a sonné, le combat est terminé. Je n'ai plus d'énergie pour lutter.

Je suis finalement au point zéro.

Allons-y. Je suis prête.

La troisième étape est de loin la plus courte, mais aussi la plus intense. Suer, chanter, expier… Laisser sortir de mon corps les mémoires anciennes, les croyances familiales selon lesquelles il faut saigner pour survivre.

Haaaaaaa haaaaaa ashniwibi wawooooo.

Guidée par Marie-Josée et Dominik, je chante n'importe quoi, n'importe comment. Ça n'a pas d'importance. Chaque parole me libère. C'est symbolique tout ça, bien sûr, mais le fait de suer autant me donne aussi l'illusion d'un grand nettoyage. À bout de forces et sans monologue intérieur, j'ai tout le loisir de me perdre le regard dans les pierres, au centre, et de penser à ma fameuse lignée.

— Est-ce que tu vois tes ancêtres ? me demande le chef d'une voix grave.

À ce moment précis, je verrais n'importe quoi dans le reflet des pierres. Je dois halluciner, ou visualiser, ou je ne sais quoi. Mais je me surprends à lui répondre clairement :

— Oui.

— Visualise-toi au bout du rang. Prends ta place parmi eux. Marche avec eux. Ils sont toujours là, derrière toi. Ils te guident, te protègent et ils veillent sur toi. Tous les jours de ta vie, Petite Pomme. Tes aïeux, les miens, tous ceux qui sont passés avant nous, et les animaux de la Terre aussi. Prends la place qui te revient dans la grande famille de la Terre. Tu es mère, tu es fille, tu es source de vie, tu es la vie.

Je me mets à pleurer à chaudes larmes. Je ne suis pas une chaloupe au large, je ne l'ai jamais été. Même quand ma famille était vivante, je me sentais souvent tellement isolée parmi eux. Comme si je n'arrivais pas à me connecter au clan. Mais je suis toujours connectée. Je n'ai pas le choix, j'ai le sang du monde qui coule dans mes veines, l'eau de la Terre dans mon corps. Tout est là, toujours. Ce n'est pas un choix, ce n'est pas une décision, c'est une vérité. Je suis un être humain sacré, capable de créer. J'ai ce feu au centre de ma poitrine, dont la seule raison d'être est de me guider. Il me protège et veille sur moi en tout temps. Je ne suis pas en territoire ennemi. Je ne suis jamais isolée. C'est à cette forêt que j'appartiens, et tout est pour le mieux dans le meilleur des mondes. Je n'ai qu'à me laisser guider, bercer, nourrir. Je ne suis pas toute seule à ramer dans ma barque, nous sommes toute une équipe. Il suffit de leur laisser un peu de place, de les écouter un peu, d'arrêter de les empêcher de faire leur travail, avec mon désir de tout contrôler et ma peur de sauter dans le vide.

À trop regarder en avant, j'ai manqué ce qu'il y avait autour. À trop m'étourdir, j'ai perdu le rythme du tambour. À trop vouloir agir tout le temps, je n'ai pas vu la lumière qui me montrait la bonne direction.

Maintenant, je comprends que je dois d'abord et avant tout mettre mon énergie à nourrir mon feu. Le reste suivra. Peu importe le chemin sur lequel je me trouverai, les défis qui se présenteront ou les turbulences avec lesquelles je devrai composer, j'aurai désormais toujours une lueur pour me guider et me rassurer.

Meegwetch, Kina8at[1].

---

1. Merci, Dominik.

Automne 2013, Montréal

L e voyage initiatique dans le bois semble avoir tenu ses promesses. Contrairement au retour chaotique du Portugal où toutes les résolutions ont pris le bord dans un tourbillon de doutes et de stress, celui de Val-des-Lacs s'est déroulé dans le calme le plus complet.

Jean-Martin m'attendait impatiemment à la maison. Curieux et inquiet à la fois. On ne s'était pas parlé depuis trois jours. Pas de cellulaire dans la tradition amérindienne. Même pas la possibilité de prendre des photos.

« Il y a des choses qu'il est bon de garder pour soi, Petite Pomme. Quand on partage trop, des fois on perd la puissance de l'expérience », m'avait dit le chef.

Sur le chemin du retour, je me sentais flotter comme sur un nuage. Heureuse, calme, dans un état de plénitude totalement nouveau. Combien de temps ça va durer ? C'était ma seule inquiétude, mais le sentiment était tellement agréable que je ne voyais pas l'intérêt d'en sortir pour penser à l'avenir.

C'est avec un sourire de béatitude, une crinière de lionne, des bottes pleines de bouette et une

odeur lancinante de feu de camp sur tous mes vêtements que j'ai réintégré ma vie normale.

— Pis ? me demande mon *chum* dès que j'ai un
pied dans la porte.

Il avait clairement perdu son pari de me voir
revenir à la maison en moins de vingt-quatre heures
et, à défaut de collecter son profit auprès de mes
amis, qui avaient sûrement pris la gageure opposée,
il voulait absolument tout savoir de mon expérience.

Comment raconter une histoire comme celle-là ?

— Ah ! Je ne sais pas comment t'expliquer ça.
Extraordinaire, Jean-Martin, transformateur, révé-
lateur. *Wow !*

Les mots me manquent, l'envie d'expliquer aussi.

— OK, mais t'as fait quoi ? Ça s'est passé
comment ?

Il ne lâchera pas le morceau, c'est clair.

— Ben, la tente où je dormais était quand même
cool. Il y avait un plancher en bois, un poêle à bois
et une cuisinette de camping. J'ai jamais été capable
d'allumer le poêle, alors il faisait *frette*, mais honnêtement, la partie camping c'était vraiment pas
si mal. De toute façon, ce n'est pas ça le but de
l'affaire. Je ne suis pas allée faire un stage de survie
en forêt. D'ailleurs, si ça te tente, on pourrait y
retourner ensemble. Tu es le bienvenu, le chef me
l'a dit quand je suis partie.

— Non, ça va pour moi, merci.

Je ne m'attendais pas à autre chose de sa part.
Jean-Martin et moi dans le bois, ça, ce serait vraiment hilarant.

— Mais t'as fait quoi, précisément ? demande-
t-il à nouveau.

— En gros, j'ai écouté le chef, qui m'a enseigné la tradition amérindienne, on a marché dans le bois, rencontré des bisons, ramassé des roches qu'on a fait chauffer dans un gros feu de camp. J'ai fait une guirlande de papier et de tissus que j'ai fait brûler, j'ai fumé la pipe sacrée, reçu une plume d'aigle et passé trois portes dans une hutte de sudation.

Jean-Martin est figé dans la cuisine, éberlué.

— T'as eu du *fun*? finit-il par lâcher, faute de trouver mieux.

— J'ai capoté ben raide. Là, faut que j'aille me laver, dis-je pour clore la discussion.

Je me penche pour ramasser mon sac humide et en me relevant mon regard croise le sien. On ne peut s'empêcher de partir à rire comme des fous pendant de longues minutes.

— Une plume d'aigle! me dit mon *chum* en haletant entre deux éclats de rire.

— Ouiiiii!

J'ai mal au ventre, je tente de reprendre mon souffle.

— Et il va falloir que je lui trouve un coffret en bois et que j'entoure la base de lanières de cuir garnies de tabac.

J'ai les yeux pleins d'eau.

Jean-Martin comprend bien qu'il ne saisira jamais totalement ce qui s'est passé à Val-des-Lacs, et je réalise aussi très bien que je ne pourrai jamais vraiment l'expliquer adéquatement.

«Tsé, la fois où ma blonde est allée jaser avec des bisons?»

C'est comme ça que, depuis, on aborde mon voyage dans le bois avec les amis. Chaque fois, la moitié des gens est fascinée par l'histoire et veut tout savoir, l'autre moitié se bidonne solide en m'imaginant en Shehaweh.

N'empêche que, depuis mon expérience amérindienne, les choses vont beaucoup mieux. Je n'ai pas d'emploi en vue, je vis sur mes économies, j'ai grandement ralenti mon train de vie, demandé à mon *chum* qui travaille sur deux documentaires de boxe d'en prendre un peu plus sur ses épaules, financièrement. Je lui ai même dit que ça pourrait prendre un certain temps avant que je trouve ma voie et qu'il faudra certainement se serrer la ceinture pendant un bout de temps. Avant, mon orgueil m'aurait fait vivre un enfer avant de demander de l'aide. Là, je me dis, que voulez-vous, je n'ai pas de revenus, alors faut bien que quelqu'un m'aide !

À Noël, on me demande à nouveau de faire des remplacements à la radio, ce qui me permet de renflouer mon compte en banque de manière temporaire. Je vis beaucoup plus longtemps avec beaucoup moins. Je dépense moins, consomme avec discipline, ce qui est un véritable miracle pour ceux qui me connaissent. Pour la première fois de ma vie, ça ne me fait pas un pli sur la différence. Je suis riche de possibilités.

Quand je ne remplace pas quelque part, ou que je ne suis pas invitée à discuter d'un sujet ou l'autre dans une émission, je passe mon temps à inventer des projets.

Jean-Charles a momentanément quitté son poste à la radio, le temps d'une autre réorganisation, alors on déjeune ensemble de temps à autre.

— L'avenir est web, mon petit cœur, me dit-il
souvent.

— Alors allons sur le Web! je m'empresse de
lui répondre.

De déjeuner en déjeuner, on se fait aller les
contacts, on organise des *meetings*, si bien qu'en
avril, sans avoir dépensé un sou, on met en ligne un
site complet de Webtélé axé sur le sport, à temps
pour les séries du Canadien.

En échange d'actions dans notre futur «empire
web» (on est convaincants!), des professionnels de
la technique télévisuelle parmi les meilleurs dans
notre domaine nous fournissent le matériel et la
main-d'œuvre nécessaires afin de tourner, de réaliser et de monter des capsules de qualité qu'on met
en ligne. Un entrepreneur web amateur de sport
nous a monté un site juste pour le plaisir de voir
ce que ça donnerait. Il nous fournit aussi un tech-
nicien pour assurer le bon fonctionnement du
site. Et on en a besoin, parce que disons que nous
ne sommes pas de grands adeptes de la techno-
logie, Jean-Charles et moi. «J'amène ma voiture au
garage quand il faut ajouter du lave-glace», m'avait
dit Jean-Charles en guise de mise en garde. Le pire,
c'est qu'il exagère à peine! Peu importe, on arrive à
se débrouiller. On s'est même déniché un conten-
tieux d'avocats *pro bono*!

Nous voilà donc à la tête d'une société de production, directeurs des programmes et grands
manitous du contenu d'une chaîne web. Tout
ça simplement avec notre bagout et notre force
d'entraînement. Ce qui est encore plus marquant
pour moi, c'est que notre énergie est tellement

contagieuse qu'on reçoit des candidatures spontanées de gens qui veulent se joindre à nous bénévolement. On n'est pas les seuls à chercher le plaisir et la créativité, faut croire!

C'est comme ça qu'on se retrouve, un mardi midi de la fin d'avril, avec une bande de cinquante joyeux lurons, dans une taverne du Plateau Mont-Royal, à tourner un clip pour une chanson que nous avons montée avec Rick Hughes et les Porn Flakes pour encourager le Canadien, qui connaît un printemps d'enfer en séries. Une chanson originale écrite, enregistrée et prête à être diffusée sur notre plateforme web.

— Je suis vanné, les genoux sciés en deux, me dit Jean-Charles. Te rends-tu compte qu'on a organisé tout ça en quatre jours ouvrables? De la pure folie enivrante. Nous sommes des fous!

Patrick Huard est là, assis au bar, Jean Pascal, Yvon Lambert, Pierre Bouchard, Ti-Guy Émond, Claude Quenneville, la blonde de Michel Therrien, Georges Laraque, Julie du Page. Je suis déguisée en serveuse des années 1950 avec son plateau de bières, et Jean-Charles joue au barman derrière son comptoir. Le réalisateur planifie ses prises de vue. Il y a deux rails à caméra, trois caméramans, un photographe de plateau, une directrice de production. Anik Jean et Lulu Hughes chantent sur la scène avec Rick Hughes, qui mène le bal. Sur l'écran géant derrière la scène on joue en boucle de grands moments de l'histoire du Canadien. Tout le monde crie: «Vive le Canadien de Montréal, vive LaTaverne.tv!»

De temps à autre, mon regard croise celui de Jean-Charles. Nous sommes intérieurement éberlués. Très fiers aussi. Ce succès-là, il est 100 % indépendant. On parle de nous dans les journaux, et demain nous sommes invités sur un plateau de télé.

Je me sens à des années-lumière de l'impuissance. Je refais du sport, dans l'allégresse, à ma façon et je suis libre. LaTaverne.tv – c'est le nom de notre plateforme web – me prouve hors de tout doute que tout est possible. L'improbable se manifeste autant dans les épreuves que pendant les bons moments.

Parallèlement à toute cette aventure web, je développe et cultive un lien de plus en plus solide avec ma copine Anik Jean. Rockeuse parmi les grandes, excentrique, marginale, mais aussi drôle, intelligente, allumée, c'est une fille que j'apprends à découvrir pendant l'automne et l'hiver qui suivent. Nous avons des amis en commun, nous partageons une passion pour le poker, ce qui fait qu'on s'était déjà croisées à quelques reprises dans des tournois et en coulisses d'un spectacle de son mari.

À l'automne 2013, nous avons beaucoup de temps libre, alors on se fréquente davantage. Anik se remet des déceptions concernant la réception de son dernier album et de la déferlante médiatique qui lui est passée dessus. Elle cherche le calme sous d'autres cieux, alors nous nous mettons à faire des séances de remue-méninges entre deux mélanges à gâteau. Car j'ai aussi découvert qu'Anik est une fabuleuse pâtissière.

À travers les fous rires, les rêves à haute voix, les expéditions au Quartier 10-30 pour manger des poutines et boire des mojitos, on ouvre la porte à des possibilités de plus en plus concrètes. Des projets d'affaires, de marketing, de télé, d'écriture. Une collaboration créative extrême entre deux filles très différentes en apparence, mais très semblables sous la surface. Une combinaison surprenante. Une façon de faire éclater le moule, de vivre une amitié féminine autrement.

Pour Anik, rien n'est impossible. Partir de sa Gaspésie natale, laisser une carrière en aviation pour devenir *rock star*? *Check!* Plier bagage pour aller vivre à L.A. et faire la première partie des Rolling Stones? Oui madame! Chanter en duo avec Robert Smith, de The Cure? Pourquoi pas? Elle s'apprête aussi à produire toute seule un nouvel album en anglais, à fonder sa maison de disques et à signer un contrat de distribution en Angleterre. Les limites, ce n'est pas son fort. Après un congé de maternité qui s'est étiré sur deux ans par envie d'être présente pour son fils, Anik monte de toutes pièces le troisième acte de sa carrière. Elle s'invente une vie tous les jours dans son studio du sous-sol de sa maison de la Rive-Sud.

Avoir la chance de compter sur une amie comme elle, ça me donne des ailes. Mais surtout, on a tellement de *fun*! Ça mes amis, c'est du bois sec de grande qualité pour entretenir un feu intérieur.

Les autres jours de la semaine, je me trouve des apparitions payantes à gauche et à droite, quelques conférences, des animations corporatives. J'encaisse un peu de mes REER dans la plus grande légèreté. Je dois être responsable de mon avenir, de ma retraite, mais j'ai la certitude que l'investissement que je fais dans le présent sera profitable à plus long terme. Tout finit toujours par s'arranger, et même si normalement je serais grugée par le stress de mes finances, là, je choisis de profiter pleinement du temps et de l'espace qui s'offrent à moi.

— Il faudrait que tu reprennes la ronde des *meetings* avec les producteurs et les réseaux, me dit mon agente vers la fin de l'hiver.

— J'en ai rencontré un peu pour le site web et le projet avec Anik. Je travaille quand même sur mes affaires, lui dis-je.

— Oui, mais il faut donner un petit coup, là. C'est le temps. Tout le monde planifie la programmation d'automne. Si tu veux te trouver quelque chose, il faut que tu bouges, m'explique Sonia.

— Je sais, mais je veux pas faire n'importe quoi. J'ai le goût d'aimer ce que je vais faire la prochaine fois. Pas juste aimer accomplir le travail, mais aussi *tripper* sur le produit final. Je veux m'investir à 100 %, y croire à fond, et surtout je veux en être fière. Et je ne veux pas m'embarquer dans une autre galère, lui dis-je.

Dans le fond, c'est que je n'ai vraiment pas le goût de reprendre mon rôle de vendeuse. Faire des courbettes, présenter mille et une patentes en espérant qu'il y en ait une qui plaise. Ça me rappelle un peu ces rigolos qui vendent des bébelles sur la plage, dans le Sud. Madame veut un paréo ? Nous avons un paréo ! Des boucles d'oreilles ? De la crème solaire ? C'est un peu ça, faire la tournée des producteurs. Trouver une façon de plaire, de séduire, pour vendre. Pas pour le moment. Je ne suis pas encore assez proche du précipice. Ce n'est plus de cette façon-là que j'envisage ma carrière.

— T'as rien à perdre d'essayer, de rencontrer des gens et de te faire voir, me répète Sonia.

— Ils savent que je suis là. Ils savent ce que j'ai à offrir. Si le téléphone ne sonne pas, c'est qu'il n'y a rien pour moi. À quoi bon insister ? Je ne suis pas toute seule dans ma situation, c'est partout pareil. Il y a plein de gens qui peinent à trouver un poste. J'ai pas le goût de faire la guidoune, lui dis-je en guise de conclusion.

Sonia est une agente expérimentée, en affaires, mais aussi en relations humaines. Elle sait quand insister et quand il est préférable de battre en retraite. Après quelques années à travailler ensemble, on commence aussi à se connaître pas mal.

On jase donc d'autres choses. Elle me demande encore de lui parler de ma taverne virtuelle, sur le Web, un concept qui la mystifie.

— Mais vous allez faire quoi, avec ça ? me demande-t-elle.

— Je ne sais pas encore, Sonia. On explore, on mijote. On ne sait pas où ça va nous mener, mais la route est tellement enivrante qu'on ne pense pas encore à l'endroit où elle va aboutir, lui dis-je.

À la conclusion de notre lunch, au moment de la quitter, je lui dis :

— OK, Sonia, je vais suivre tes conseils. Organise-moi des rencontres et je vais y aller. Mais à ma façon cette fois. Je vais en rencontres exploratoires, pas en *pitch* de vente. Si ça clique et qu'on est en mesure d'avoir un terrain d'entente et une relation de travail mutuellement bénéfique, alors ça vaudra la peine. On le présente comme ça. Je ne cherche pas, Sonia, j'explore, lui dis-je.

— Bien sûr, Marie-Claude, me répond Sonia en souriant. Des rencontres exploratoires.

Elle quitte avec le sentiment du devoir accompli, et moi avec la fierté de rester ouverte d'esprit.

Laisse-toi guider, Petite Pomme…

En attendant, tous les matins je me lève avec entrain, joyeuse de m'asseoir à mon bureau et de voir de quoi ma journée en tant que PDG de MC Savard Québec inc. sera faite. Je travaille quel rêve, quel projet, j'explore quelle possibilité aujourd'hui?

À travers toutes ces aventures, je me découvre. Je ne suis plus la jeune fille de dix-sept ans qui a pris des décisions chez l'orienteur au cégep. Je ne suis plus la journaliste de sport de salles des nouvelles. Je ne suis plus l'animatrice stressée en mode représentation. Je suis une entrepreneure-communicatrice-créatrice en devenir. Ça ne débouche pas encore sur un job, mais je n'ai aucun doute qu'un jour, ce sera le cas et que le jeu en vaudra la chandelle. À la puissance 1000, même. Je n'en doute pas une seconde, même si parfois mon caractère impatient revient me bousculer un peu. Alors je me rappelle que le quand et le comment, ce n'est pas moi qui gère ça. L'occasion va se présenter. Dans l'intérim, je consacre mon temps à alimenter mon brasier et je fais confiance à mon clan.

— Mets ça à ton agenda, me dit Sonia au bout du fil. Mercredi prochain à midi, on rencontre un diffuseur.

Les rencontres avec les réseaux de télévision se font de plus en plus rares depuis un certain temps.

C'est la même chose pour tout le monde. Compressions, incertitudes, austérité, les temps sont durs, en télé. Peu d'appelés, encore moins d'élus, alors les dirigeants ne veulent pas entretenir de faux espoirs ou provoquer des malaises en étant obligés de décliner des candidatures à répétition.

Je suis donc surprise. Quand j'avais fait preuve d'ouverture d'esprit devant la suggestion de mon agente, je ne pensais pas vraiment qu'elle me reviendrait avec un rendez-vous. Certainement pas si rapidement, en tout cas.

— Ah oui ?

Je me sens un peu prise au piège, alors je trouve des obstacles.

— Mais ça ne donne pas grand-chose de rencontrer un diffuseur si on n'a pas un projet avec une maison de production. Tu sais comment ça marche, Sonia. On va perdre notre temps si on n'a pas quelque chose à vendre.

— Mais c'est TOI qui m'as demandé des rencontres exploratoires ! J'ai donc organisé un *lunch*. Juste un *lunch*. De toute façon, si tu veux faire un *pitch*, t'as des projets avec des producteurs plein tes classeurs, alors tu pourras toujours les présenter si tu veux, mais en gros, c'est juste une conversation.

C'est ce qu'on appelle se faire gentiment rappeler à l'ordre.

— Ça marche comment alors ? lui demandé-je.

— Tu t'assois, tu regardes le menu, tu commandes et tu jases, me répond Sonia en riant.

Si simple et si compliqué à la fois. Très difficile d'expulser de son ADN le besoin constant de contrôler, de séduire, de se vendre à tout prix.

Le jour venu, je me tape une bonne heure de yoga pour être certaine d'être très DÉCONTRACTÉE. Je me présente au Café Cherrier pour rencontrer la directrice des programmes d'une chaîne populaire spécialisée qui a du succès dans la programmation au féminin. Une chaîne que je regarde assidûment, car je raffole des transformations et des rénovations.

Je ne sais pas trop comment m'y prendre. Je n'ai jamais fait de « rencontres exploratoires ». Je suis toujours arrivée en *meeting* comme un bulldozer qui débarque avec mille et un projets, un barrage de paroles et toute la meilleure volonté du monde. Une fille stressée en représentation.

Cette fois, je vais discuter et écouter. Voir si le courant passe.

C'est le jour et la nuit, comme approche. C'est du nouveau. Encore faut-il que l'autre personne soit elle aussi dans un état d'esprit semblable, sinon, je pourrais bien passer pour une hurluberlue qui fait perdre du temps à des gens très importants et très occupés.

Mais si Sonia a bien expliqué mon intention, ce dont je ne doute pas une seconde, ça devrait bien se passer.

— Je suis très contente de te rencontrer, Marie-Claude. Nous nous sommes croisées à quelques reprises. J'aime bien ton énergie et je suis curieuse d'apprendre à te connaître davantage, me dit la directrice des programmes.

Je crois tomber des nues. J'expire de soulagement et nous nous lançons dans toutes sortes de discussions à bâtons rompus. Nous échangeons sur des documentaires qui nous ont marquées, le genre de télévision que nous aimons. On parle de nos parcours, de nos objectifs, de notre façon d'envisager le travail. Elle me parle de sa chaîne, je lui parle de ma carrière. On partage nos réalités et nos passions.

Deux heures s'écoulent. Puis, finalement, en guise de conclusion, une bonne poignée de main et le souhait sincère de travailler ensemble un jour, sur un projet ou un autre, le temps venu.

L'improbable qui vient à nouveau me faire un clin d'œil. Regarde comme ça peut être facile, regarde comme tout est possible.

Quelle différence entre cette rencontre et les mille et une autres précédentes ? Ce n'est pas du tout le même *feeling*. Je n'ai jamais vraiment eu de sentiment de satisfaction après des rencontres du genre. Je quittais plutôt les mains moites, le front plissé et le cerveau en surchauffe, à essayer de décoder les réactions de mon vis-à-vis.

Comment connecter adéquatement avec quelqu'un quand on est totalement obsédé par la nécessité d'aboutir à du concret ?

Je me souviens de cette *coach* corporative que j'avais rencontrée à mon départ de *Salut Bonjour!* et qui avait bien essayé de m'expliquer comment mener à bien un *meeting* avec des dirigeants qui sont en mode embauche. Je souhaitais plus que tout qu'elle m'indique le chemin, qu'elle partage ses connaissances, mais je n'étais pas prête à comprendre ce qu'elle me disait, à l'époque.

« Quand tu entres dans un *meeting*, tu dois d'abord et avant tout te mettre en mode écoute et observation. Analyse l'endroit où tu es, le bureau de quelqu'un t'en dit long sur la personne qui est assise derrière. Est-ce que c'est quelqu'un de créatif ou de cartésien ? m'avait-elle dit. Pose des questions, essaie d'en savoir le plus possible sur les possibilités qu'il y a sur la table. Les dirigeants sont des gens qui ont des problèmes à résoudre. Une embauche, une case horaire libre, ce sont des défis. Établis un lien de confiance qui va laisser voir que tu te présentes comme une solution fiable. Allège le fardeau, n'en rajoute pas sur le tas. Si tu vides ton sac et que tu pousses sans cesse tes idées à toi, ta vision à toi, tout ce que tu fais, c'est créer des problèmes potentiels à la personne qui te rencontre. Dans 80 % des cas, tu seras complètement à côté de la plaque et tu auras perdu ton temps.»

Avec le recul, tout ça était alors du chinois pour moi. Ça allait à contre-courant de ma pensée fondamentale d'hyperperformante.

«Pèse tes mots, établis d'avance ce que tu souhaites communiquer clairement et fais-en moins que plus. On ne retient que peu d'informations lors d'une rencontre, alors concentre-toi sur un message clair que tu réitères de différentes façons. De cette manière, l'employeur potentiel devant toi aura une idée précise de qui tu es, il verra que tu peux devenir une alliée puisque tu travailles en équipe avec lui plutôt que d'essayer de l'éblouir à tout prix avec tes compétences et ton désir de réussir. Une première rencontre, c'est d'abord et avant tout une affaire de *feeling*, de perception et d'instinct.»

J'avais tout pris en note, comme une première de classe, mais honnêtement, je n'y croyais pas du tout. Je me disais que dans un monde compétitif où les emplois sont difficiles à dénicher, il faut en mettre plein la vue pour sortir du lot. Le «mode écoute», c'était bon dans le cabinet du psy, pas le bureau du patron. Personne ne veut d'un employé passif et léthargique.

Aujourd'hui, je comprends ce qu'elle voulait dire. Et sincèrement, ça commence drôlement mieux une relation de travail. Un peu plus d'égal à égal. Et ça permet aussi de voir les vraies couleurs de l'entreprise pour laquelle on souhaite travailler. C'est quand l'arrimage est bon qu'on connaît du succès. Il faut donc magasiner son employeur, et lui aussi doit magasiner ses employés. Ce n'est pas de l'arrogance, c'est du gros bon sens.

— Ça s'est bien passé, hein? Tu vois! Elle était enchantée de sa rencontre, me dit Sonia, qui avait assisté aux échanges.

— Ben moi aussi, figure-toi donc, lui dis-je.

— Est-ce qu'on lui envoie des projets pour donner suite? me demande-t-elle.

— Tu sais quoi? Je vais lui envoyer un courriel pour la remercier et lui réitérer mon intérêt, et on verra bien ce qui va se présenter. Je suis curieuse de voir à quoi elle va penser par elle-même. Si je lui envoie des projets, je la guide vers quelque chose. On laisse rouler la mise, Sonia. On verra ce que le sort nous réserve, lui dis-je.

— Autre sujet… T'as reçu une autre offre d'embauche régulière pour une émission du matin.

Les seules occasions qui se présentent à moi, depuis quelques mois, sont des émissions du matin, à la radio comme à la télé. Le même horaire intransigeant auquel je ne veux plus soumettre mon corps.

J'ai beau envisager avec jouissance la perspective de consolider ma marge de crédit, je maintiens le cap.

— On va les remercier d'avoir pensé à moi, mais je passe mon tour, lui dis-je.

— T'es certaine ? Tu peux le faire juste un an, tu sais, m'offre Sonia.

Une porte de sortie, mais aussi une occasion de manquer le bateau.

— Ça n'a aucun sens de quitter *Salut Bonjour !* pour ensuite retourner dans une émission du matin. Je ne sais pas encore où j'en suis exactement, mais quand j'y pense, accepter ce genre de poste, je trouve que ce serait incohérent. Je n'aurais plus le temps de m'occuper de mes projets, lui dis-je.

Je sais que Sonia, bien qu'elle trouve mes projets divertissants, se dit que pour le moment ils ne me mettent pas beaucoup de pain et de beurre sur la table.

Mais ils mettent des bûches dans mon feu, par exemple !

Deux semaines plus tard, le téléphone sonne alors que je planche sur une liste de capsules potentielles pour mon site web de sport.

— Salut Pompon, comment ça va ? me dit Benoît Gagnon à l'autre bout du fil.

Pompon, Totoche, c'est le vocabulaire de mon complice professionnel des dernières années.

— Ça va, tes affaires ? me demande-t-il.

On ne se parle pas trop de nos projets, Benoît et moi. Lui aussi est en transition de carrière, et ce n'est pas rose tous les jours. Je pense souvent à lui, avec sa garde partagée, ses lourdes responsabilités. Je ne sais pas comment je m'y prendrais, dans une situation comme la sienne, pour entamer un virage. Mais il est dans le même champ de bataille que moi, et lui aussi va au front tous les jours. Un restaurant, des projets d'affaires, de production, une application web, un concept de quiz. J'admire son courage et sa ténacité, son talent aussi, bien sûr. Comme amie, je m'inquiète parfois de ses états d'âme. Comme il doit s'inquiéter des miens, de temps à autre.

J'aimerais l'envoyer dans le bois, lui parler de son feu sacré, mais j'ai appris il y a longtemps que nous avons tous une façon différente de faire les choses et que ce qui fonctionne pour moi ne fait pas le même effet aux autres. Benoît fait partie de ceux qui me trouvent très comique avec mes histoires de bisons, d'hypnothérapie, de communion avec la nature et de yoga chaud.

Le yoga chaud… Ne me dites pas que vous trouvez ça excentrique ou ésotérique ! Un *sweat lodge*, oui, d'accord, ce n'est pas pour tout le monde et il faut être un adepte averti. Mais le yoga chaud ! Pourtant, Benoît Gagnon est un homme de son temps ! Ça ressemble un peu à ça, notre amitié. Nous sommes souvent totalement d'accord pour ne pas être d'accord.

Bref, chacun son chemin.

— Dis donc, me dit-il au bout du fil. Ça te tente, un remplacement radio de dix semaines, cet été, dans un *show* du matin ?

Mais ce n'est pas vrai !

Un *show* du matin ! Vraiment ?

ENCORE ?!

— Tu sais ce que je vais te dire d'emblée, lui dis-je.

— Oui, je sais Marie, mais c'est l'été. Tu sais comme moi que l'été, c'est plus facile. Plus de lumière, pas de voiture à déneiger. C'est dix semaines, ça se fait bien, pis surtout on aurait du *fun* toi et moi, non?

Bon vendeur, Benoît Gagnon. On ne pourra jamais lui enlever ça. Et il sait de quoi il parle. Il a passé douze ans à *Salut Bonjour!*

— Laisse-moi penser à ça, je te reviens demain, lui dis-je pour conclure.

— OK, mais prends pas trop de temps à réfléchir, Totoche, parce qu'il faut une réponse d'ici la fin de la semaine, dit-il pour clore à son tour la discussion.

Je sais, il faut toujours une réponse d'ici la fin de la semaine! J'ai dit non à de vrais postes du matin. Est-ce que je peux dire oui à un remplacement?

Pourquoi pas? Si moi je me trouve cohérente, c'est tout ce qui compte.

Est-ce que j'aurai du plaisir avec Benoît?

Oui.

Le soir, au souper, devant une bonne bouteille de rouge, j'en discute avec mon conseiller spécial, qui trouve la vie à mes côtés pas mal plus agréable depuis un bout de temps.

— C'est une autre station de radio, ce serait une bonne façon de te faire de nouveaux contacts. Et puis c'est dans la même entreprise que la chaîne spécialisée avec laquelle tu développes des projets en ce moment. Ce serait une belle façon de te faire connaître, me dit Jean-Martin.

— Mais c'est le matin… lui dis-je.

— Oui, mais c'est dix semaines. Un été, ce n'est pas un mode de vie à long terme. Moi, je pense

147

qu'on peut profiter du beau temps ensemble quand même pendant la période estivale même si tu dis oui au mandat qu'on te propose. On recevra les amis tôt à la maison, on se couchera tôt. Ça va être correct. En tout cas, moi, je vais m'adapter sans problème, m'encourage mon *chum*.

— OK. Je vais ruminer ça cette nuit et demain je vais prendre une décision. J'aime beaucoup faire de la radio, j'aimerais ça en faire sur une base régulière. Je voudrais travailler le midi. C'est l'*fun* les émissions du midi. Tu peux combiner ça à d'autres projets, et les gens sont de bonne humeur à l'heure du *lunch*. T'as le temps de te préparer. Tu peux jaser parce qu'il n'y a pas l'urgence d'aller aux nouvelles, à la circulation, à la météo… Il y a moins de publicité… Je réfléchis à voix haute.

— Et tu te verrais faire ton *show* du midi à quelle station ?

— Celle-là. Là où on me demande de faire un remplacement d'été le matin, lui dis-je.

— Alors fais le matin et place tes pions, ajoute mon conseiller.

— Oui, mais il y a tellement peu de gens qui acceptent de se lever à 3 heures du matin, c'est une denrée tellement rare que quand tu dis oui une fois, t'es cuit. On pense juste à toi pour ça. Ils vont savoir que je suis malléable et que je peux être convaincue. Et puis t'as remarqué ? Il y a toujours des postes qui se libèrent très tôt le matin. Ceux qui acceptent ces contrats s'épuisent rapidement. Les animateurs du midi restent là pendant des années ! lui dis-je d'une voix inquiète.

— Tu t'avances trop, si tu veux mon avis. Commence par leur montrer de quoi tu es capable, sois claire dans tes communications sans être au-dessus de tes affaires. Prends le risque d'essayer. Dans le pire des cas, après dix semaines, tu rentres à la maison et tu auras eu du plaisir avec Ben. Dans le meilleur des cas, tu développes une relation de travail qui peut ouvrir la porte à autre chose.

Après une bonne nuit de sommeil, je me lève au petit matin pour consulter mon clan. Ma façon à moi de rester branchée sur ce que le chef amérindien m'a enseigné, c'est de me lever très tôt, de m'asseoir dehors, d'écouter les oiseaux, de sentir le vent, d'écouter le bruissement des arbres. Une sorte de médiation. En respirant, en fermant les yeux, en imaginant mon feu, en écoutant, j'ai réponse à mes questionnements.

Cette fois, mon instinct est bon. Pas de tiraillements, pas de doutes. Ce sera un bel été de radio. On va avoir un plaisir fou. Je suis contente de retrouver mon ami en ondes.

Yeh!

— Sonia, je vais accepter un remplacement d'été, le matin à la radio, avec Benoît Gagnon, lui dis-je en fin de matinée.

— T'es certaine ? Un remplacement le matin ? Tu ne trouves pas que ça fait bizarre, que t'es rendue ailleurs ? Me semble que c'est ce que tu m'as dit, la semaine dernière.

— Non, au contraire. C'est exactement ce dont j'ai besoin. Un remplacement, c'est mieux qu'un poste permanent, lui dis-je.

Je sais très bien qu'elle me trouve difficile à suivre par moments. Je sais aussi qu'elle me fait confiance.

Oui, il y aura des railleries sur Facebook et des commentaires du genre : « Pas facile pour Marie-Claude Savard, depuis un bout, elle se cherche pas mal. Depuis qu'elle a quitté les sports, rien ne va plus. Elle ne fait que remplacer à gauche et à droite. Elle aurait dû rester à *Salut Bonjour!* »

Quand je ne les lis pas ou ne les entends pas moi-même, quelqu'un se fait un plaisir de me les rapporter, pour mon bien, évidemment!

Comme d'habitude, je hausserai les épaules en me disant que ce n'est pas ma responsabilité que de m'expliquer au monde entier. J'ai beaucoup mieux à faire avec mon énergie.

Pour moi, tout ça est très clair.

MARIE-CLAUDE SAVARD
Une petite capsule amusante pour ceux et
celles qui subissent la saison de hockey!
Le guide des veuves de la rondelle.

MARIE-CLAUDE SAVARD
J'ai rendu visite à Sabrina, une militaire
de Trenton en Ontario, cet automne, pour
comprendre son mode de vie. Elle m'a même
fait passer le test de condition physique!
Les capsules documentaires sont en ligne.

MARIE-CLAUDE SAVARD
Destination Fermont, en fin de semaine,
pour une soirée conférence avec un
groupe inspirant, là-bas. J'ai hâte!!

BOND TJ-BOND Nous avons vraiment passé
une très belle soirée en votre compagnie
et merci d'être montée à Fermont! Nous
sommes chanceuses de vous avoir parlé
avant et après la conférence, c'est très
généreux et inspirant. Joanie et Suzie.

MARIE-CLAUDE SAVARD
Tournage des 2 Filles le matin, on parle
d'audace dans la vie et la carrière. Ce sera
en ondes la semaine prochaine à 9h30.

LOUISE LABELLE Hâte de vous
voir et vous entendre

ROBERT LINDBLAD Cool!!

SYLVAIN DESCHATELETS Audacieuse (??) ...
je serai à l'écoute!!! lol

MARIE-CLAUDE SAVARD
Une actionnaire bien fière de sa gang.
Le restaurant Grenouille dans le top
des meilleurs brunchs à Montréal.

MARIE-CLAUDE SAVARD
Très contente de vous annoncer ce matin que
je prends la barre de l'émission Simplement
Vedette à Canal Vie. Je tourne depuis quelques
semaines 3 séries sur les aidants naturels,
les troubles alimentaires et la chirurgie
esthétique. Nous serons en ondes en juin
prochain!! Au plaisir de vous y retrouver. xxx

Automne 2014, Montréal

— On reçoit ce matin Marie-Claude Savard à *Ça Commence bien*. Animatrice, auteure, conférencière, productrice web et femme d'affaires.

En coulisses des studios de Musique Plus, où l'on enregistre l'émission du matin de V, je suis incapable de m'empêcher de sourire. Ça me frappe chaque fois qu'on me demande comment me présenter. Je suis là pour parler de la diversité corporelle et d'un événement que je parraine dans le cadre de la grande braderie des designers québécois, au Marché Bonsecours. Je suis présidente du comité philanthropique d'Équilibre, un organisme à but non lucratif qui œuvre chez les jeunes dans le domaine de la santé, de l'estime de soi et de la diversité corporelle. Je suis impliquée à fond dans des causes qui me tiennent à cœur.

L'été de radio avec Benoît a été un grand succès. Les auditeurs étaient heureux de nous retrouver, et nous aussi, et les patrons ont été enchantés.

À la fin de mon mandat de remplacement, Canal Vie, qui a ses bureaux quelques étages au-dessus de la station de radio qui m'embauchait, a finalement donné le feu vert pour une série documentaire dont je serai l'animatrice. Ma rencontre du printemps avec la directrice des programmes a porté ses fruits. Je prends la relève d'une ancienne collègue de TVA qui quitte après cinq saisons. J'ai auditionné pour le poste, j'y ai donné tout ce que j'avais parce que c'est le job de mes rêves. Contrairement aux autres auditions d'il y a deux ans, celle-ci s'est bien déroulée et, en cette fin d'été, je reçois finalement la bonne nouvelle.

Dans le cadre de mes fonctions, je serai engagée dans chaque étape de la conception et de la production. Je choisis en partie ma nouvelle équipe, ce qui me permettra de retrouver la réalisatrice de *MCBG* avec qui j'avais tant aimé travailler. J'aurai les deux mains dans le contenu, je réaliserai de grandes entrevues avec des personnalités que j'aurai choisies et sur des sujets qui piquent ma curiosité. C'est exactement ce que je souhaitais.

Nous prendrons le temps de bien planifier nos tournages, nous aurons la possibilité de fignoler nos montages et de livrer un produit à notre goût à un diffuseur qui nous fait confiance. C'est un travail prenant mais qui nous ouvre à d'autres possibilités.

Alléluia!

Je recevrai bientôt mon premier chèque de paye régulier en bonne et due forme depuis quatorze mois. Pourtant, je n'ai jamais eu l'impression d'être aussi riche.

Je sors de cette année enrichie d'expériences. Ces expérimentations ont formé ma personnalité, forgé mes opinions et fait de moi une femme de contenu bien plus que de contenant. Je ne fais pas que livrer de l'information, des scores de matchs ou raconter des anecdotes. Je défends un point de vue, j'incarne un mode de vie, une façon de faire. Je laisse ma marque à ma façon.

Les commentaires de tout un chacun me touchent beaucoup moins qu'avant. Cela dit, j'ai laissé aller la carapace qui me protégeait. Je n'en ai plus besoin. Tous les jours, je prends le temps de nourrir mon feu. Je suis donc en mesure de prendre avec beaucoup plus de détachement les commentaires sur ma façon de faire. J'accepte les bons, je réfléchis aux critiques, puis j'éteins l'ordinateur. Je remarque aussi qu'il y a de moins en moins de négatif. Le vent semble avoir tourné, pour le moment.

Tout ça s'est passé à mon insu. Je n'ai fait que cultiver ce que j'ai appris dans le bois. J'ai beaucoup travaillé, parfois de longues heures à fignoler des documents, à monter des plans d'affaires, des stratégies marketing pour le site web, pour le projet avec Anik, pour les causes dans lesquelles je suis engagée.

J'en ai bossé un coup, même si je n'avais pas d'emploi stable, et je vais continuer à faire la même chose, même si je décroche finalement un contrat.

J'ai avancé sans manuel d'instructions, sans planification stratégique. Je me suis laissée guider par mon instinct, mon clan et les personnes que j'aime. Cette fois, je les ai écoutés. J'y ai mis les efforts, mais je me suis surtout laissée porter par le courant, au lieu de ramer dans le sens inverse. Si bien qu'en bout de piste je n'ai plus senti cette fatigue nerveuse et mentale qui m'a écrasée si longtemps.

Oui, il y a eu des moments où je me suis sentie carrément dépassée, profondément découragée, et où le doute m'a envahie. Des moments plus sombres mais qui ont valu leur pesant d'or, puisqu'ils m'ont permis de reconnaître les moments de clarté et de certitude. Il faut se perdre, parfois, pour se retrouver.

— Est-ce que je vais travailler à nouveau ? demandais-je souvent à mon amie Sophie, lors de nos « *lunchs* d'affaires », qui consistaient à refaire le monde en mangeant une salade avant d'enfiler des litres de thé vert devant une pile de magazines. Est-ce que je mets mon énergie au bon endroit ?

— Si moi, Sophie, je suis en amour avec le bon gars pour moi, c'est vraiment que tout est possible et qu'il n'y a pas de causes désespérées ! Continue. Ça va bien. Tout va bien. T'as jamais eu l'air aussi en forme, d'ailleurs, me disait-elle souvent.

Elle aussi, je dois dire. On s'en est pas mal bien sorties, de notre passage de la chaise longue sur la plage à la chaise droite de nos bureaux à la maison.

Sophie est bel et bien heureuse en amour, elle rénove un nid pour sa nouvelle famille reconstituée, qui compte maintenant trois enfants, dont Agathe, bien sûr. Son nouvel amoureux, qui sera bientôt son second mari, débarque avec deux beaux garçons qui viennent ajouter plein de bonheur dans sa vie. Elle anime maintenant une émission sur le design et l'architecture, et planche sur son quatrième roman.

Ce qui m'étonne le plus, c'est que même à jongler avec mille et un projets, j'ai du temps. Je soupe à la maison avec mon amoureux au moins quatre soirs par semaine, ou alors des amis viennent nous rendre visite. J'ai le temps de faire l'épicerie, du yoga, et de passer des moments de qualité avec mes amies.

Récemment, on m'a demandé de livrer un témoignage vidéo pour un congrès de représentants en vente d'une grande entreprise média. Se transformer pour gagner, c'était le thème de la journée.

« On a pensé à toi, Marie-Claude, pour aborder ce thème. Nous aimerions que tu partages ton expérience là-dessus », m'a demandé le comité organisateur.

Se transformer pour gagner... Pas certaine que ce soit exactement le sens de mon cheminement, mais je comprends l'essentiel du sujet. Le monde autour de moi a beaucoup changé depuis que j'ai quitté mon poste permanent. L'industrie des communications, comme plusieurs autres domaines, est sens dessus dessous. Le Web gruge une part des revenus publicitaires, le modèle traditionnel est en grande redéfinition. Il y a de plus en plus de coupures de postes, d'artisans au chômage, et les mots « virage professionnel » et réinvention sont très à la mode.

Je vois aussi beaucoup de détresse autour de moi, chez des amis qui travaillent dans mon milieu et chez d'anciens collègues. Les repères ne sont plus les mêmes, dans l'industrie des médias. Ça cause beaucoup de remous, d'incertitude et de remises en question. L'inquiétude est de mise même pour ceux et celles qui n'ont jamais eu à envisager un changement dans leur environnement de travail. La stabilité est pratiquement inexistante aujourd'hui.

— Mais comment t'as fait, Marie, pour t'en sortir ? me demandent de plus en plus souvent des gens de tous les horizons.

— J'ai fait un feu.

ÉPILOGUE

« À la fin de sa vie,
être fier de ce que l'on est devenu
est une grande réussite. »

Charles de Gaulle

Printemps 2015, Montréal

La neige est grise, j'ai perdu la lutte contre le calcium sur mes bottes d'hiver, j'ai hâte de changer de manteau. J'inspire, j'expire. Je souris. La vie est belle.

De plus en plus, dans mes journées qui ne se ressemblent jamais, je me surprends à prendre une « pause situation ». Où en suis-je, qu'est-ce que je fais, comment je me sens ? Je m'arrête l'espace de quelques minutes ou de quelques secondes pour voir ce qui se passe en dedans. Je ferme les yeux, souvent dans mon auto, entre deux rendez-vous, j'inspire, j'expire et je reste en silence. Je m'assois devant mon feu.

Il y a des jours où je remarque que je suis plus émotive, stressée, préoccupée, d'autres plus fatiguée ou moins enthousiaste, d'autres encore, comme aujourd'hui, où même la grisaille ne vient pas à bout de ma bonne humeur. Peu importe le type de journée, la nature de ce que je ressens, je l'accueille, je l'observe, je l'intègre et je reprends ma route.

Il faut dire qu'en ce moment le paysage que j'observe sur ma route est assez agréable.

Cette semaine, je suis à la une du magazine *Le Lundi*, avec mes projets qui se réalisent les uns après les autres. Les photos sont à mon goût, moins figées et statiques que d'habitude, plus représentatives de ce que je ressens. Plus décontractée, plus libre.

La semaine dernière, je signais un contrat de radio de deux ans à la station pour laquelle j'avais envie de travailler et pour une émission quotidienne sur l'heure du… MIDI ! Je n'y croyais plus, après tant de remplacements le matin et d'offres qui tournaient inévitablement autour des aurores. J'accompagnerai François Morency un peu partout au Québec, sur les ondes de NRJ.

Mon aventure avec Anik Jean se précise de jour en jour. Nous nous lançons dans un projet de mode ayant un potentiel télé. Nous sommes épaulées par Marie Saint Pierre, Dick Walsh et Jean Airoldi. Une grosse boîte de production est emballée par le projet et souhaite en faire une téléréalité comme on en voit aux États-Unis. L'étudiante en arts plastiques que j'avais mise de côté revient à la charge. C'était un rêve que j'avais oublié, auquel je ne croyais plus. Je me sens comme au cégep, alors que je rêvais de travailler dans un atelier. Jamais je n'aurais cru que c'était possible, il y a cinq ans.

Simplement Vedette a été renouvelé. On commence dans quelques semaines les tournages de la sixième saison, ma deuxième en tant qu'animatrice. Je suis en train de penser à des thèmes et à des invités qui m'intéressent.

TVA Sports vient de récupérer la chanson du Canadien produite l'an dernier par LaTaverne.tv pour en faire son hymne des séries de hockey, ce printemps. Jean-Charles passe les séries de hockey dans un véhicule récréatif et ses aventures sont documentées en vidéo sur le site web. Des investisseurs se manifestent pour soutenir la production de manière plus régulière et à plus long terme. Il y a maintenant des gens qui nous appellent pour nous présenter des projets web. Chaque fois, ça me fait sourire de voir les rôles inversés.

La semaine prochaine, je serai sur le plateau d'Éric Salvail.

De mon bureau à la maison, je gère une véritable entreprise indépendante, créative et prospère. C'est maintenant à ma porte que l'on cogne, à la recherche d'idées et de solutions. Je n'ai jamais été aussi créative et ça n'a jamais été aussi facile.

C'est facile parce que je choisis de m'éloigner du champ de bataille et des combats. J'ai déposé mon armure de guerrière quelque part dans la hutte de sudation, il y a deux ans.

Ça ne veut pas dire que tout ce qui arrive est sublime et parfait. Loin de là.

Le restaurant dans lequel j'avais investi il y a deux ans a fermé ses portes. Contexte économique, problèmes de gestion, concept pas tout à fait au point. J'ai de la peine de voir ce beau rêve se terminer. Il y a cinq ans, je me serais battue, j'aurais réinjecté des fonds, tenté de renverser la situation. Aujourd'hui, j'accepte l'échec, je prends sur moi de vivre ma déception, de faire le point sur les leçons à tirer de l'expérience, et j'apprivoise l'idée que je n'ai pas de contrôle sur tout ce qui se passe. Je fais confiance au fait que cette déception a sa place dans ma vie à ce moment-ci, même si je ne sais pas pourquoi. Ce que je constate par cette épreuve, c'est que cette nouvelle perspective articulée autour de mon énergie vitale, de mon feu sacré, me permet de faire passer ce genre de tristesse avec beaucoup plus de paix intérieure. Je ne *suis* pas ce que je *fais*, je suis donc beaucoup moins déstabilisée quand ce que je fais ne me permet pas d'atteindre mes objectifs. Mes racines ne sont pas ébranlées par les bourrasques. Au contraire, elles s'enfoncent encore plus profondément dans le sol et continuent de se solidifier.

«Tout va bien, Petite Pomme, me répète la Terre Mère, fais-nous confiance.»

Récemment, lors de la Journée internationale des femmes, un groupe d'influence au féminin m'a demandé de prononcer une allocution pour clore un grand spectacle d'inspiration. Marie-Lise Pilote m'a présentée sur scène comme faisant partie du comité des sages parmi les femmes du Québec.

J'avais déjà croisé ce groupe de femmes, mais je ne les connais pas intimement. Je n'ai jamais eu de grandes discussions au sujet du leadership au féminin. Leur perception de ce que je pouvais apporter s'est donc forgée sur ce que je dégage aujourd'hui. *Être* plutôt que *faire*. *Incarner* plutôt que *pédaler*. C'est l'idée que le bonheur, le succès et l'équilibre se manifestent plus qu'ils ne s'atteignent. À trop souhaiter, à trop vouloir et faire, on perd le contact essentiel avec l'être humain que nous sommes. Ce sont nos particularités et nos différences qui ouvrent la voie vers l'équilibre et qui nous permettent de trouver notre place, notre rôle dans la collectivité, dans le monde, dans l'Univers.

J'aurais souhaité faire partie du comité des sages, où j'aurais probablement causé de l'interférence dans le message. Je choisis de laisser les choses aller et de ne plus me dresser tel un obstacle sur mon propre chemin avec des attentes trop précises quant aux résultats. Je sais que je ne contrôle pas la destination finale. Tout ce que je fais, c'est choisir le bon chemin avec mon instinct en sachant très bien que je suis épaulée par mon clan, ma lignée, la Terre en entier et l'Univers. Ma grande famille cosmique. Tous les jours, je choisis de leur faire confiance. Chaque fois que je prends une pause dans ma journée, c'est pour me reconnecter à eux.

Le soir du spectacle célébrant la femme, je leur ai justement parlé du feu sacré, du bois sec, de la lumière et de la chaleur qui s'en dégagent, et du concept de faire de notre énergie vitale la plaque tournante de nos vies. C'était la première fois que je partageais mon expérience en public. Je suis passée à travers mon périple dans le bois, et tout le monde s'est bien bidonné en m'imaginant, la tête sur une branche de sapin dans une hutte de sudation. C'est folklorique comme image, mais ça marque l'imaginaire. Ce soir-là, j'ai remercié les organisatrices de nous avoir fourni une corde de bois sec pour nourrir nos feux sacrés collective-ment et individuellement.

Plusieurs jours plus tard, en croisant quelques femmes qui étaient présentes à cet événement, elles m'ont dit : « On a bien apprécié ton truc de feu sacré. Ça nous a parlé. »

Une image vaut mille mots, même si parfois c'est plus compliqué que ça, quand on traverse le désert d'un changement ou d'une réorientation. Je ne sais pas si c'est l'âge ou le contexte économique, mais il m'arrive de plus en plus souvent de parler de réajustement, de transformation, de réalignement.

Encore ce matin, au bout du fil, j'avais une copine avec qui j'ai travaillé, que j'apprécie beaucoup. Un grand talent, une grande sensible qui a de la difficulté à trouver sa place depuis plusieurs années.

— J'ai l'impression de donner des grands coups d'épée dans l'eau. Je suis fatiguée, je dors mal. Je cherche sans arrêt une façon de m'en sortir et je n'y arrive pas. Pourtant, je suis positive, motivée, je fais tout ce que je peux, je donne 100 %, mais on dirait que rien n'avance à mon goût.

Nous sommes au téléphone par un autre de ces matins gris d'avril.

Ce sont des conversations que j'ai de plus en plus souvent. Le cul-de-sac, l'épuisement, l'impression de travailler encore plus fort pour beaucoup moins, le vide, la fatigue et la détresse qui vient avec le sentiment de ne plus savoir quoi faire.

— J'ai senti la même chose que toi il n'y a pas si longtemps, lui dis-je.

— Je sais, Marie-Claude, c'est pour ça que je t'en parle.

Elle cherche la solution, espère que je pourrai lui donner la recette. Comment expliquer la recette ? La mienne ne fonctionnera probablement pas pour tout le monde. Mes aventures dans le bois, mes séances d'hypnothérapie, ce n'est pas pour tout le monde, et je ne veux surtout pas recommander des moyens qui ne sont pas adaptés aux besoins de la personne à qui je parle. Chacun est différent, et à chacun son chemin. Je ne suis ni thérapeute ni *coach* de vie, et j'hésite toujours à parler de ça parce que je sais qu'il y a de fortes chances que mon interlocuteur pense que je le traite de fou ou de déséquilibré. Suggérer à quelqu'un d'aller chercher de l'aide, de faire les choses autrement, c'est lui dire que sa façon de faire ne fonctionne pas. Même si, pour moi, ce n'est qu'une façon de dire «je t'aime, je t'accepte tel que tu es et je veux que tu atteignes ton objectif», pour les autres, souvent ça veut dire «tu n'es pas compétent et ta façon de faire n'est pas bonne». C'est très difficile de parler de ce genre de difficultés sans blesser.

— La seule chose que je peux te dire à ce moment-ci, c'est que tu as tout fait. J'en suis convaincue. J'admire ta détermination et ton désir de réussir. Tu fais tout. Tu travailles, tu es une maman extraordinaire, tu tiens un blogue, tu as mille et un projets, tu es une *superwoman.*

— Mais je n'y arrive plus et je ne fais pas ce que je voudrais. J'ai de la difficulté à garder le moral. C'est de plus en plus difficile. Je suis vidée, me répond-elle.

La porte est ouverte.

— Que dirais-tu de te nourrir, de te remplir, au lieu de te vider constamment? De retrouver ton énergie vitale, ton «focus», ton instinct?

— C'est exactement ce que je veux faire. Je fais tout pour y arriver, mais ça ne fonctionne pas. J'ai besoin d'un coup de pouce, me dit-elle.

— Et si je te disais que ce n'est pas dans l'action que ça se passe, mais plutôt dans l'inaction, dans le ressenti, dans le fait d'*être* plutôt que de *faire*?

Je me doute bien que c'est du chinois, mon affaire.

— Mais je ne veux pas devenir une paresseuse. Tout ce que j'ai, c'est ma détermination et les choses positives que je fais chaque jour. Si j'arrête, je vais reculer, me répond-elle, franchement surprise. De toute façon, je n'ai pas le luxe de tout arrêter.

— Ce n'est pas tant de t'arrêter que de faire autrement. Mettre tes énergies à te connecter, à établir clairement ce que tu es, ce que tu peux faire pour contribuer, retrouver tes moyens, ton assurance. Nourrir ton énergie vitale, retrouver ta voie. Essayer autre chose, aller chercher des outils, clarifier les choses un peu. Faire le ménage dans toute l'interférence autour de toi, lui dis-je.

— Peut-être… Probablement. Je ne sais pas trop. Je ne comprends pas ce qui se passe. Je cherche des réponses, ça m'empêche de dormir. Je ne sais plus où donner de la tête.

Je lui refile finalement le contact d'une bonne *coach* en qui j'ai confiance. Premier pas, première étape. Prendre un peu de recul, de perspective. Je ne sais pas par quel chemin elle arrivera à son feu sacré, mais je sais qu'elle s'en approche. J'y étais moi aussi, il n'y a pas si longtemps.

Cette fatigue nerveuse, ce sentiment de ne pas être totalement aligné, cette quête de quelque chose, le doute, l'impression que la vie devient de plus en plus difficile. Je la vois partout autour de moi, et souvent chez ceux qui ont le plus de succès, en apparence. C'est ce qui est le plus déroutant. Plus rien ne tient la route, par les temps qui courent.

— Une seule garantie, mon amie, ce que tu cherches ne se trouve pas à l'extérieur de toi. J'en suis certaine à 100 %. Si je peux te donner un raccourci, c'est celui-là. Mets tes énergies sur toi. Tu as la clé quelque part dans tes entrailles, dans ton inconscient. Va explorer ça comme tu peux. Seule, en groupe, avec de l'aide, peu importe. Cherche la connexion, c'est elle qui va te redonner ton énergie vitale, te réaligner et te fournir ce dont tu as besoin.

J'ai l'impression de lire à haute voix un livre de croissance personnelle de type psycho-pop. Je suis consciente que c'est la dernière chose qu'elle veut entendre. « Une autre énigme, doit-elle se dire, c'est bien le comble… » Mais il n'y a rien d'autre que je puisse exprimer qui en vaille la peine.

À force de répéter ces paroles mystérieuses, un peu comme des paraboles, ça va finir par résonner et débloquer quelque chose. C'est ce que je me dis chaque fois.

Il faut parler, communiquer, se dire qu'on est tous dans le même bateau.

Récemment, j'étais invitée en studio à l'émission matinale de Catherine Perrin, sur les ondes de la chaîne Ici Radio-Canada Première. Le thème de l'entrevue ? L'échec. Ce printemps, à Montréal, se tient une autre grande conférence Fail Camp, où plusieurs personnalités de tous les horizons viennent démystifier leurs défaites, déroutes et déceptions. Ce sont des gens qui ont atteint de grands sommets mais qui choisissent de venir parler des moments plus difficiles.

Avec la fermeture du restaurant *Grenouille*, récemment, l'équipe de recherche a pensé à moi pour venir compléter le pannel composé d'un psychologue, d'un consultant en entreprise et de Lorraine Pintal, du Théâtre du Nouveau Monde, qui a perdu ses élections pour le Parti québécois. C'est très libérateur de parler publiquement de l'échec, ça dissipe la honte et ça donne des forces pour la suite. «Il faut casser des œufs pour faire une omelette», disait ma grand-mère.

Je fais donc aussi face à l'échec, en ce printemps de réalisations. Et j'y ferai sûrement face encore souvent.

Ce n'est pas quelque chose qui m'inquiète ou qui me fait peur. En fait, je n'y pense plus. Sur mon fil Twitter, j'ai récemment changé la bannière de présentation pour la citation en anglais *Come what may*. «Peu importe ce qui arrivera», c'est la traduction que je peux en faire.

Peu importe ce qui se présentera, je nourrirai mon feu sacré, il m'éclairera, me guidera, me réchauffera. Je ne suis pas isolée, je ne suis pas dans la noirceur. Je suis un être humain, et l'être humain est extraordinaire et a de manière innée tout ce qu'il lui faut pour être heureux.

Quand je ne sais pas quoi faire ou comment faire, je mets ça entre les mains de mon feu, de la Terre et de la forêt, que je considère comme ma famille, ma *gang*, mes conseillers. Je fais de mon mieux au quotidien, mais je n'ai plus l'illusion que tout dépend de moi. Ce n'est pas moi qui fais tourner la Terre. J'accepte le rythme de la vie et, pour une impatiente de nature, ce n'est pas toujours facile. Si c'est trop difficile, je change de route. J'ai arrêté de m'obstiner à vouloir toujours tout faire, tout contrôler, tout réussir. Ça me laisse pas mal plus d'énergie. C'est pas mal moins lourd à porter.

L'autre jour, mon agente Sonia m'a offert un tout petit livre qu'elle a beaucoup aimé et qui s'intitule *Le Moine qui vendit sa Ferrari*. Au départ, j'ai eu le goût de rire. Quel titre! Pas mon genre de bouquin, de prime abord, surtout avec l'illustration plutôt kitsch de la couverture – un moine au style romantique qui rappelle la collection «Harlequin», très en forme et bronzé. À ma grande surprise, l'essence du livre s'inscrit dans le courant même du manuscrit que je m'apprête à terminer. Dans l'ouvrage, l'auteur, Robin S. Sharma, relate l'histoire d'un avocat célèbre qui quitte sa vie de richesse et de gloire pour aller se ressourcer auprès d'un groupe de sages, en Inde. L'ex-avocat revient transformé de son périple, mais surtout énergisé et équilibré, et il partage ce qu'il a appris avec un ex-collègue. Vers la fin du livre, il résume sa pensée en disant: «Quelles que soient les dimensions de ta maison ou le prix de ta voiture, la seule chose que tu peux emporter à la fin de ta vie, c'est ta conscience. Écoute ta conscience, laisse-la te guider.»

En Inde comme à Val-des-Lacs, c'est le même refrain. Conscience, instinct, énergie vitale, feu sacré, divinité, peu importe les mots, le concept est le même. Dans un monde en révolution, en accélération et dans lequel on peine à garder nos repères, c'est le seul qui tienne la route.

Toutes les épreuves et les difficultés m'ont permis de trouver ma connexion, si bien que je n'ai plus autant de ressentiment ou de colère face aux deuils que j'ai vécus et aux échecs que j'ai subis, et je n'ai pas peur d'en rencontrer d'autres. Je m'applique donc à cultiver, à entretenir et à protéger cette connexion essentielle. C'est le repère que j'ai passé tellement de temps à chercher.

Ça ne m'empêche pas, de temps à autre, de continuer à consulter des thérapeutes. Je vis encore des incertitudes et des questionnements, et j'ai besoin d'être épaulée et de partager. Ça, c'est ma nature profonde.

— Bon, c'est quoi la prochaine affaire ? me demande parfois mon *chum*, le sourire en coin.

— Attends, je vais voir les bisons et je te reviens.

Remerciements

À Johanne Guay, la meilleure des éditrices, mais surtout ma toute première lectrice. Merci, Johanne, d'avoir semé la graine de l'écriture en moi, d'avoir su la laisser germer tranquillement. Merci de ta patience, de tes conseils judicieux, de ta grande honnêteté. Rigueur, douceur, respect, amour de la langue et des auteurs, c'est ce que je garde de toi.

Merci, Sophie Bérubé, ma complice, mon témoin, « *my person* ».

Un merci tout spécial à Dominique Rankin et Marie-Josée Tardif, mes compagnons de *sweat lodge*. Vous avez changé ma vie !

À toutes mes copines qui m'ont vue virevolter, ces dernières années, et avec qui j'ai partagé mes salades, poutines, mojitos et jus verts : Anik, Brigitte, Julie, Jacynthe, Alexandra, Valérie, Karine.

À mes *bros* : Robbie, Jean-Charles et Benoît. Sonia Gagnon, la meilleure guide dans la jungle artistique.

À François. C'est toi et moi, maintenant, mon oncle. À la vie à la mort, les derniers de la lignée ! À Denyse, qui est là depuis ma tendre enfance et qui me garde connectée à mon papa.

À ma nouvelle famille, Bob, Loulou, Dada, Alexia, Pier-Luc, Marie-Christine, Hélène, Sylvie, Mamie, Madgia, Denise et tous les autres.

Mais surtout, merci à l'homme de ma vie, Jean-Martin, le pilier de toute cette vie rocambolesque, même s'il ne parle pas aux bisons !

Suivez les Éditions Libre Expression sur le Web :
www.edlibreexpression.com

Cet ouvrage a été composé en Adobe Caslon 12,25/15,3 et achevé d'imprimer
en septembre 2015 sur les presses de Marquis Imprimeur, Québec, Canada.

Imprimé sur du papier 100 % postconsommation,
traité sans chlore, accrédité Éco-Logo et fait à partir de biogaz.

certifié   procédé   100 % post-   archives   énergie
        sans chlore consommation permanentes biogaz